Gabriel M. Spieker

Altersarmut in deutschen Großstädten

Ursachen und gesundheitliche Folgen

Spieker, Gabriel M.: Altersarmut in deutschen Großstädten. Ursachen und gesundheitliche Folgen, Hamburg, Bachelor + Master Publishing 2018
Originaltitel der Abschlussarbeit: Gesundheitliche Folgen der Altersarmut in deutschen Großstädten

Buch-ISBN: 978-3-95993-072-7
PDF-eBook-ISBN: 978-3-95993-572-2
Druck/Herstellung: Bachelor + Master Publishing, Hamburg, 2018
Zugl. Universität Bremen, Bremen, Deutschland, Bachelorarbeit, Mai 2018

Bibliografische Information der Deutschen Nationalbibliothek:
Die Deutsche Nationalbibliothek verzeichnet diese Publikation in der Deutschen Nationalbibliografie; detaillierte bibliografische Daten sind im Internet über http://dnb.d-nb.de abrufbar.

© Bachelor + Master Publishing, Imprint der Diplomica Verlag GmbH
Hermannstal 119k, 22119 Hamburg
http://www.bachelor-master-publishing.de, Hamburg 2018
Printed in Germany

Danksagung:

An dieser Stelle bedanke ich mich ausdrücklich für die Betreuung und Begutachtung der folgenden Abschlussarbeit bei Herrn Prof. Dr. Henning Schmidt-Semisch Studiendekan des Fachbereiches Human-und Gesundheitswissenschaften und Abteilungsleiter der Sektion Gesundheit und Gesellschaft am Institut für Public Health und Pflegeforschung (IPP) der Universität Bremen, sowie Herrn Dr. phil. Tilman Brand Leiter der Fachgruppe Sozialepidemiologie am Leibniz-Institut für Präventionsforschung und Epidemiologie (BIPS) in Bremen. Im Weiteren bedanke ich mich bei der Diplomica Verlag GmbH für die Möglichkeit dieser Veröffentlichung, sowie bei Saskia Konusch, Reinhard Wild, Dr. Shuwen Sun und Patrick J. Kuper, ohne welche diese Arbeit nicht zustande gekommen wäre.

Inhaltsverzeichnis:

Das Bismarcksche Sozialversicherungssystem, welches gegen Ende des 19. Jahrhunderts gegründet wurde, gilt als erstes staatliches Sozialversicherungssystem weltweit und als Fundament unseres Wohlfahrtsstaats (DRVB 2017: 9 ff.).

Reichskanzler Otto von Bismarck erhoffte sich durch dessen Einführung für besonders vulnerable Gruppen (Greise, Soldaten, Arbeiter und Witwen) u.a. die Eindämmung sozialer Unruhen (Nonn 2015: 252 ff.).

Etwa 130 Jahre später hat sich diese Entscheidung als Pionierarbeit erwiesen und die im Kaiserreich eingeführten Versicherungszweige Altersversicherung, Invalidenfürsorge, Krankenversicherung, Hinterbliebenenfürsorge und Unfallversicherung wurden fort-geführt (Arbeitslosenversicherung, 1927) und ergänzt (Pflegeversicherung, 1995) (DRVB 2017: 11 ff., 174; Gerlinger; Röber 2014).

Diesem „sozialen Netz" zum Trotz fürchtet sich, laut letzten Umfragen, dennoch jeder zweite Deutsche, von Altersarmut betroffen zu sein (Ernst; Young 2017; Gigerenzer; Fauser; Jenny 2018: 23). Aus diesem Anlass sowie inspiriert von beruflichen Erfah-rungen in der häuslichen Pflege und Betroffenheit, wie zum Beispiel Gefährdungen im eigenen familiären Umfeld, widme ich mich in dieser Thesis der Thematik der „Alters-armut" und hieraus resultierenden gesundheitlichen Folgen für Betroffene unter der Fragestellung: „Wie wirkt sich Altersarmut auf die Gesundheit von Rentnerinnen und Rentnern mit niedrigen Einkünften in Stadtstaaten aus?".

Die großstädtische Bevölkerung steht hierbei aufgrund zunehmender „Landflucht" (Handelsblatt 2017) und dem damit einhergehenden Städtewachstum mit seinem höheren Armutspotential im Fokus, welches sich in den Stadtstaaten besonders ausprägt. In Deutschland gab es gemäß Statistischem Bundesamt (StaBu 2018a) am Stichtag 31.12.2016 genau 80 Großstädte mit mehr als 100.000 Einwohnern, wobei sich aufgrund der Datenlage, des Umfangs und der besonderen Betroffenheit im Folgenden nur mit jenen deutschen Großstädten befasst wird, welche zu den Stadtstaaten zählen. Hierbei handelt es sich zum Stand dieser Arbeit um die Freien Hansestädte Bremen und Hamburg sowie die deutsche Hauptstadt Berlin.

Die nachfolgende Thesis ist in drei Kapitel und 16 Unterkapitel unterteilt, wobei darauf abgezielt wird, ein möglichst breitumfassendes Bild der gegenwärtigen Lage von Alters-armutsbetroffenen teils im Bundesgebiet und teils in genannten Großstädten darzustellen bzw. zu vermitteln.

Das erste Kapitel erläutert zum Einstieg knapp die aktuelle gesellschaftliche Sichtweise der Thematik, um die unterschiedlichen Blickwinkel der Generationen aufzuzeigen und verbindet Historie mit dem Status-Quo. Um sich einen eigenen Eindruck zu verschaffen, wird dabei „über den Tellerrand" geschaut und die wissenschaftlich differenzierte Auffassung erläutert. Im Weiteren werden Entwicklungen der Armutsverbreitung vorgestellt, deren Ursachen im zweiten Kapitel zur Vertiefung näher erläutert werden. Das dritte und letzte Kapitel widmet sich ausschließlich jenen in den Gesundheitswissenschaften identifizierten gesundheitlichen Folgen von Altersarmut für Betroffene. Die Unterkapitel orientieren sich dabei im Aufbau an der Erwähnung in der Fachliteratur. Dabei werden zunächst gesundheitswissenschaftliche erklärende Konzepte vorgestellt, welche verschiedene Perspektiven für eine Ursachenanalyse der im Weiteren vorgestellten gesundheitlichen Folgen ermöglichen. Die Fülle der vorgestellten Aspekte soll die Vielzahl von gesundheitlich bedingten Armutsrisiken hervorheben und deren Ansatzpunkte für die Gesundheitswissenschaften verdeutlichen. Aktuelle Statistiken unterstreichen dabei die nötige Evidenz für Handlungsbedarf, ehe abschließend vom Autor eine Bilanz gezogen wird.

1.0 ALTERSARMUT

Die heutige Debatte über (Alters-)Armut spaltet die Bundesrepublik in jene, welche diese als opportun bezeichnen: *"Armut in München sei* [schließlich] *weniger problematisch als jene in Mumbai (Bombay) oder Mombasa"* (Butterwegge 2013: 708), sowie in andere Stimmen, welche die missliche Lage der Betroffenen gemäß des Sprichworts „Jeder ist sein eigen Glückes Schmied" für selbstverschuldet halten (Butterwegge 2013: 708; Fahimi 2017: 52, 54). Neben einer schweigenden Mehrheit, welche aus Furcht vor etwaiger eigener Betroffenheit das Thema lieber ganz verdrängt, gibt es noch Bürger, welche tatsächliche Armut - wie sie heute vielen nur aus Dokumentarfilmen bekannt ist - in und nach dem Zweiten Weltkrieg selbst erlebt haben (Butterwegge 2012: 14; 2013: 708; Best; Boeckh; Huster 2018: 31). So erinnern sich diese Generationen an absolute (Alters-)Armut, welche zu jener Zeit in ausgeprägtem Maße in Gestalt der sogenannten „Trümmerfrauen" hervortrat. Dabei handelte es sich zumeist um Greisinnen ohne Hab und Gut, welche in Ruinen lebten (Butterwegge 2012: 14; Best; Boeckh; Huster 2018: 31). Der erste Bundeskanzler Konrad Adenauer (CDU) reformierte in den 1950er Jahren die Rentenversicherung, um das Kardinalproblem der Armut drastisch zu senken (Butterwegge 2012: 14). Hierzu koppelte er die Versicherung an die Lohnentwicklung und führte das bis heute bestehende „Umlageverfahren" ein (Butterwegge 2012: 14). Seit dem Jahrtausendwechsel leben hierzulande mehr über 60-Jährige als unter 20-Jährige, was das Umlageverfahren nun vor enorme Herausforderungen stellt (Walla; Eggen; Lipinski 2006: 29).

Vor dem Hintergrund, dass 18 Jahre später bereits jeder Vierte über 60 Jahre alt ist, nimmt die Debatte zur Vorsorge in Politik und Gesellschaft wieder an Fahrt auf (StaBu 2016: 06). So wird berichtet, dass mit Stand 2016 jeder fünfte von 21 Millionen Rentnern von Altersarmut betroffen sei (BMAS 2017a: 16; StaBu 2018b).

Im internationalen Vergleich mit anderen führenden Industriestaaten der „Organisation for Economic Cooperation and Development" (OECD) rangierte die deutsche Altersarmutsquote (DEU), wie nachfolgender Abbildung (Nr. I) zu entnehmen ist, zumindest zum Stand verfügbarer Daten im Mittelfeld direkt hinter Neuseeland (NZL), Großbritannien (GBR) und Slowenien (SVL) (OECD 2017: 135), jedoch immerhin weit vor Staaten wie Südkorea (KOR), Australien (AUS), und den Vereinigten Staaten von

Nordamerika (USA)[1] (OECD 2017: 135). Innerhalb der europäischen Union (EU) rangierte DEU jedoch nach Litauen (LTV), Estland (EST), Großbritannien (GBR) und Slowenien (SVL) auf Platz 5 (OECD 2017: 135).

International liegt die durchschnittliche Altersarmut in den OECD-Staaten bei 13 %, hiervon sind im Schnitt 9 % männlich und 14 % weiblich (OECD 2017: 134). Diese „Gender-Gap" ist auch in Deutschland zu beobachten, wonach das weibliche Geschlecht das Risiko markant beeinflusst, von Altersarmut betroffen zu sein (s. Abschnitt 2.2) (Butterwegge; Hansen 2012: 111 ff.; StaBu 2015: 05).

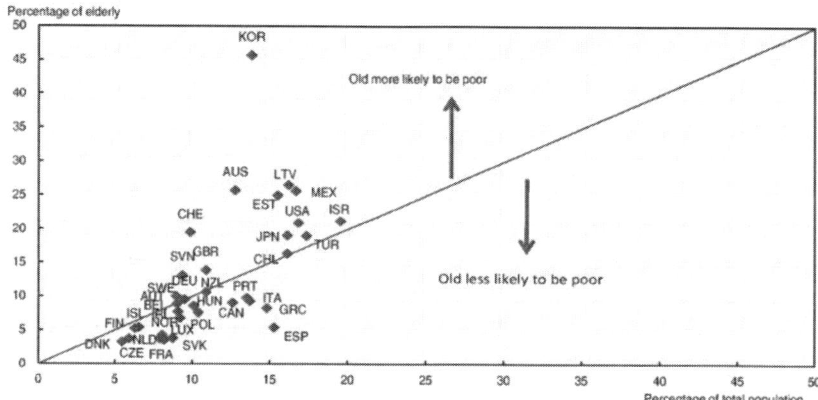

Abbildung I: Anteil von relativer Armut bei über 66-Jährigen Personen in den OECD-Mitglieds-staaten in Prozent (%) Datenstand 2014/2015, außer Japan (2012) (OECD 2017:

1.1 Definition Altersarmut:

Da Armut in verschiedenen Formen (absolut/ extrem/ relativ) auftritt, müssen diese zur Identifizierung zunächst einmal differenziert werden:

„Als absolut arm gilt, wer nicht einmal die physischen Grundbedürfnisse befriedigen kann: Nahrung, Kleidung, Wohnung, medizinische Grundversorgung" (Butterwegge 2015 zitiert in Hans-Böckler-Stiftung 2016: 06).

Die „extreme Armut", welche, wie bei Butterwegge (2013: 708) intuitiv von jedem Laien oft als solche identifiziert und assoziiert wird (Bsp. Obdachlosigkeit), betrifft laut Weltbank-Definition Personen, welche täglich über weniger als $1,90 US-Dollar zum

---

[1] Die OECD berechnete relative Armut aus einem monatlichen Einkommen, welches 50 % unter dem Median des durchschnittlichen Äquivalenzeinkommens lag, wobei in Deutschland 60 % als Indikator gilt.

Leben verfügen (World Bank 2016: 03; Brem 2011: 249).

Die in westlichen Industrienationen, wie Deutschland, hauptsächlich verbreitete Form der Armut, ist jene in der Fachliteratur zur „relativen Armut" zählende Form, welche charakterisiert ist durch mangelnde soziokulturelle Teilhabe, zurückgezogenem Lebensstil und eingeschränkter Mobilität (OECD 2014; Butterwegge 2013: 708). Gemäß Bäcker (2012: 67) haben sich die „Armutsgefährdungsquote" (AGQ), sowie das „Bedarfsniveau der Grundsicherung im Alter nach SGB XII" zur Bemessung der relativen Armutsgefährdung in der Armutsforschung etabliert. Die AGQ gilt als Indikator zur Eruierung des Anteils armutsgefährdeter Personen in einer Grundgesamtheit (StaBu 2018c). Sie wird von der EU seit 2001 definiert als:

„der Anteil der Personen, deren Äquivalenzeinkommen weniger als 60 % des Medians der Äquivalenzeinkommen der Bevölkerung (in Privathaushalten) beträgt. Das Äquivalenzeinkommen ist ein auf der Basis des Haushaltsnettoeinkommens berechnetes bedarfsgewichtetes Pro-Kopf-Einkommen je Haushaltsmitglied" (StaBu 2018c; OECD 2014).

Nach dem Kriterium der AGQ wurde hierin eingeschlossen, wer 2016 alleinstehend[2] ein maximales Jahresgehalt von 12.765 Euro erwarb (StaBu 2018b).

Das „Bedarfsniveau der Grundsicherung im Alter" wird nach §28 SGB XII anhand des Regelbedarfs gestuft ermittelt. Alle Personen, welche die für sie nach Jahrgang gestaffelte geltende Altersgrenze[3] erreicht haben und ihren Lebensunterhalt nicht oder unzureichend aus eigenen Mitteln bestreiten können, haben Anspruch auf Grundsicherung im Alter (BMAS 2017b; DRV 2018: 04 f.). Dies betrifft mit Stand dieser Arbeit Personen, deren monatliche Einkünfte 838 Euro nicht übersteigen (DRV 2018: 04).

Seit 1. Januar 2018 beträgt der Satz für eine anspruchsberechtigte alleinstehende Person 416 Euro (BMAS 2018). Trotz dieses Anspruchs wird eine hohe Dunkelziffer von „verschämter Armut" vermutet (Berechtigte welche aus verschiedenen Gründen keinen Gebrauch machen) (Butterwegge; Hansen 2012: 113 f.).

1.2 Tendenzen und Entwicklungen

Die AGQ stieg bei den über 65-Jährigen binnen acht Jahren von 15 % (2008) auf 18 % (2016) (StaBu 2018b). Demnach ist etwa jeder fünfte über 65-Jährige, der von der

---

[2] Es ist keine Bedingung alleinstehend zu sein, jedoch ist das Armutsgefährdungspotential höher.
[3] Die gesetzliche Altersgrenze wird seit 2012 schrittweise von 65 auf 67 Lebensjahre angehoben.

Statistik erfasst wurde, von Altersarmut bereits betroffen oder stark gefährdet. Bremen wies im Jahr 2016 mit 23 % die bundesweit höchste AGQ nach Bundesmedian aus (StaBu 2018d). Berlin platzierte sich mit 19 % an vierter Stelle und Hamburg mit 15 % auf Rang 14 (StaBu 2018d). Unter Berücksichtigung des jeweiligen Landesmedians, welcher die verschiedenen Lebenshaltungskosten und Gehälter berücksichtigt, rangiert jedoch Hamburg mit 18,3 % noch vor Bremen (18,2 %) und Berlin (16, 6 %) (StaBu 2018d). Demnach ist die Brisanz in den Stadtstaaten vergleichbar, was auch die damalige Staatssekretärin Yasmin Fahimi (SPD) indirekt bestätigt, indem sie eine allgemein steigende Tendenz und deren Fortsetzung prognostiziert (Fahimi 2017: 54). Im Bezug hierzu erläutert die Sozialdemokratin:

„Die Armutsquote misst jedoch nicht die Armut, sondern ist lediglich eine Kennziffer für die Einkommensverteilung. Daher liefert sie keine aussagekräftige Information über das Ausmaß von Bedürftigkeit" (Fahimi 2017: 53).

Dem widerspricht der Kölner Armutsforscher Christoph Butterwegge (2012: 17) vehement und führt die seit Jahren steigenden Zahlen auf das hiesige Wirtschaftssystem, diametrale Rentenreformen und auf eine Ausweitung prekärer Arbeitsverhältnisse zurück. Diese seien Folgen eines politischen Paradigmenwechsels, von der „Lebensstandardsicherung im Alter" hin zu der „Attraktivität und Wettbewerbsfähigkeit des Wirtschaftsstandorts Deutschland" im Zuge der Globalisierung (Butterwegge 2012: 19).

Im Dezember 2017 lag der Bundesdurchschnitt der mehr als eine halbe Million (544.090) Grundsicherung im Alter beziehenden über 65-Jährigen bei etwa 3 % (StaBu 2018e). Davon lebte jeder Siebte (14 %) in den drei deutschen Stadtstaaten: Berlin (8 %), Bremen (2 %) und Hamburg (5 %) (StaBu 2018e).

Aus dem Bundesministerium für Arbeit und Soziales wird für den Anstieg auf den demographischen Wandel und alternde geburtsstarke Jahrgänge verwiesen (Fahimi 2017: 54), wobei es dennoch: *„Tatsache [sei], dass Bedürftigkeit im Alter heute eher eine Randerscheinung ist"* (Fahimi 2017: 52).

Im Jahr 2016 waren von insgesamt 21 Millionen Rentnern etwa 526.000 statistisch erfasste (ohne Dunkelziffer) anspruchsberechtigt für die Grundsicherung im Alter von damals monatlichen 404 Euro (StaBu 2017a; BMAS 2018). Fahimi (2017: 55) beziffert die durchschnittliche Nettorente von Beziehern der Grundsicherung im Alter auf nur etwa 400 Euro. Zum Vergleich: Von der Gesamtbevölkerung gingen Männer 2016 im Bundesdurchschnitt nach ca. 41 Beitragsjahren und einem Rentenanspruch von 1.127 Euro und Frauen nach ca. 30 Beitragsjahren und einem Rentenanspruch von 673 Euro in den Ruhestand (BMAS 2017a: 19 f.). Dies verdeutlicht die besondere Gefährdung von Altersarmut für Frauen, wenn diese im Alter allein leben (Wittrahm 2017: 32).

In diesem Kapitel wurde das dieser Arbeit zugrunde liegende Verständnis von Altersarmut erläutert, ein einführendender retrospektiver Überblick über die Historie des deutschen Sozialversicherungssystems gegeben und Typisierungen von Armut differenziert vorgestellt. Weiterhin wurde der deutsche Status Quo von Armut mit anderen Industrienationen verglichen, auf einen schleichenden sozialpolitischen Paradigmenwechsel hingewiesen sowie die besondere Brisanz in den deutschen Stadtstaaten hervorgehoben.

2.0 RISIKEN FÜR ALTERSARMUT

Eine niedrige gesetzliche Altersrente kann, muss aber nicht, zwangsläufig zu Altersarmut führen, denn hierzu sind auch andere individuelle Faktoren wie Familienstand, Wechsel in Selbständigkeit, Haushaltsgesamteinkommen, Eigentum oder Kapitalanlagen zu berücksichtigen (Bäcker 2014: 29; Fahimi 2017: 55; Wittrahm 2017: 31 f.).

Derweil können Ansprüche auf Sozialleistungen wie Wohngeld, Witwenrente oder Grundsicherung bei Alter[4] zusätzliche Einkommensquellen darstellen, um den Lebensstandard im Alter zu unterstützen (Bäcker 2014: 29; Butterwegge; Hansen 2012: 115). Nachfolgend werden jene in der einschlägigen Fachliteratur stark frequentierten Risiken von Altersarmut mit den höchsten Gefährdungspotentialen erläutert.

Hierzu zählt, neben dem individuellen Bildungsstand, das biologische Geschlecht, die Entwicklung des Arbeitsmarkts und dessen Zugang, die individuelle Erwerbsbiographie, mangelnde persönliche Altersvorsorge sowie die persönliche finanzielle Situation.

2.1 Bildung:

Etwa jeder zweite Mann (54 %) und mehr als jede dritte Frau (39 %) war im letzten Jahr langzeitarbeitslos wegen eines nicht vorhandenen Berufsabschlusses (BA 2017a: 02). Menschen mit niedrigem Bildungsstand verrichten häufiger körperlich anspruchsvolle Tätigkeiten, sind öfter Gefährdungen am Arbeitsplatz wie Gefahrenstoffen ausgesetzt

---

[4] Grundsicherung im Alter - SGB XII §41 (Abs.2), Wohngeld - SGB I §26 (Abs.1), Witwenrente - SGB VI §46 ff.

und überdurchschnittlich in prekären Arbeitsverhältnissen, wie Leiharbeit, beschäftigt (Richter-Kornweitz 2012a: 151 f; Borchert 2008: 262 f.). Zu den niedrigen Gehältern per se kämen noch die mangelnden Aufstiegsmöglichkeiten hinzu, welche nicht nur den eigenen Wohlstand, sondern auch die Bildungslaufbahn der nachfolgenden Generationen beeinflusse (Bude in Kotte 2015: 34; Lauterbach 2007: 38 f.; 180 f.). Sowohl jahrelange monotone berufliche Belastungen als auch Arbeitslosigkeit resultieren kumuliert nicht selten in chronischen Erkrankungen (Richter-Kornweitz 2012a: 151 f; Mergenthaler 2012: 50). Jede dritte Frau und jeder dritte Mann der unteren Bildungsgruppe im Alter von 45 bis 64 Jahren bewertet die persönliche berufliche Tätigkeit als gesundheitsgefährdend (RKI 2014a: 03).

In der obersten Bildungsgruppe, assoziiert mit dem höchsten Einkommen, teilen diese Einschätzung nur jede sechste Frau und jeder achte Mann (RKI 2014a: 03). Dies erklärt auch, weshalb jeder dritte Niedrigverdiener 2013 angab, aus gesundheitlichen Gründen mit durchschnittlich 55 Jahren verrentet worden zu sein und somit sechs Jahre früher als der durchschnittliche Rentner in jenem Jahr (StaBu 2015: 13).

Hieraus ergibt sich für Public Health als Tätigkeitsfeld das „health consulting" (fachliche Gesundheitsberatung), um die Politik durch gesundheitswissenschaftliche Erkenntnisse von der Nachhaltigkeit von Investitionen in Bildung und hieraus resultierender verbreiteter Gesundheitskompetenz „health literacy" in der Bevölkerung zu überzeugen.

2.2 Geschlecht:

Frauen, insbesondere geschiedene, gelten allgemein als gefährdeter von Altersarmut und Multimorbidität betroffen zu sein, da sie nicht selten aus familiären oder steuerlichen Gründen auf ein eigenes Einkommen ganz oder teilweise bzw. zeitweise verzichtet haben und gleichzeitig bei einer durchschnittlich höheren Lebenserwartung aber für längere Zeit im Alter auf monetäre Zuwendungen angewiesen sind (vgl. Richter-Kornweitz 2012a; StaBu 2015: 37; Butterwegge 2013: 710; Wittrahm 2017: 31). Diese „familienorientierten Frauen" treffe auch eine Arbeitsunfähigkeit des Gatten besonders hart, da ihnen der Zugang zum Arbeitsmarkt nach längerem Fernbleiben schwer gelinge, postulieren Klammer (2017: 17 ff.) und Wittrahm (2017: 32).

Die Ergebnisse zeichnen wie folgt ab: Im Jahr 2015 hatte im Bundesdurchschnitt ein alleinstehender über 65-jähriger Rentner 1.614 Euro netto monatlich zur Verfügung, eine alleinstehende über 65-jährige Rentnerin jedoch nur 1.420 Euro (BMAS 2016: 96).

Ehepaaren in Rente stand 2015 durchschnittlich immerhin ein monatliches Nettoeinkommen von 2.543 Euro zur Verfügung (BMAS 2016: 96). Zusätzlich zu den erwähnten Faktoren ist auch der historisch bedingte Aspekt der Weltkriege mit dafür verantwortlich, dass in der Bundesrepublik mit 57 % Frauen und 43 % Männern weiterhin ein Missverhältnis zwischen den Geschlechtern und ihrem Gefährdungspotential besteht (StaBu 2015: 05). So sind von derzeit 21 Mio. Rentnern die Mehrheit weiblich (12 Mio.) und ein Viertel weniger männlich (9 Mio.) (BMAS 2017a: 18). Diese Fakten spiegeln sich sodann auch in der statistischen Erhebung von Bedürfnissen wieder, wonach im letzten Jahr ca. 58 % aller Empfänger von Grundsicherung im Alter über 65 Jahre weiblich waren (s. Tabelle I) (Statistisches Bundesamt 2018e). Der Tabelle ist ebenso zu entnehmen, dass der Frauenanteil zwar innerhalb des betrachteten Zeitraums deutlich über jenem der Männer lag, im Verlauf betrachtet aber rückläufig ist, wogegen er bei den Männern ansteigt.

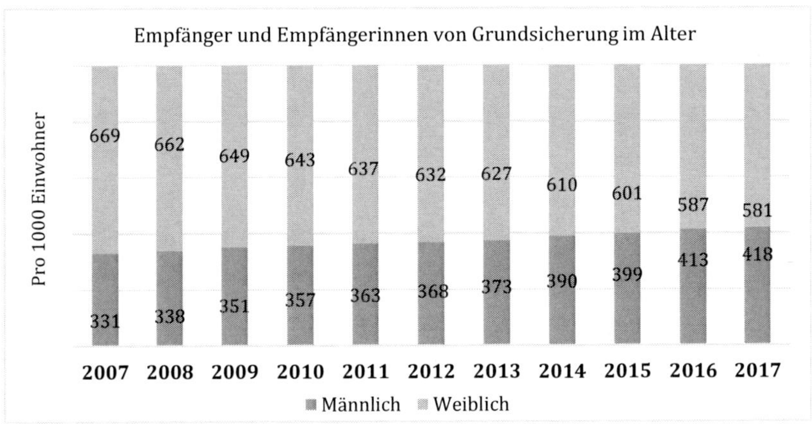

Tabelle I: Empfänger und Empfängerinnen von Grundsicherung im Alter pro 1000 Einwohner, Chronologie der Jahre 2007-2017 (StaBu 2018g), eigene Darstellung.

Dies könnte auf die höhere und längere Erwerbstätigkeit von Frauen einerseits und die höhere Lebenserwartung der Männer andererseits zurückführbar sein. Der hohe Frauenanteil spiegelt sich auch in den untersuchten Städten ab, wo nach Stand verfügbarer Daten in Berlin 56 %, in Bremen 59 %, und in Hamburg 55 % weiblichen Geschlechts waren (AfSBB 2015: 06; SAfHuSH 2017: 03 f.; SLaB 2017: 258).

Gesellschaftlich manifestiert wurde das, wenn patriarchalisch geduldet, durch die Ehefrau erworbene Einkommen als „Zuverdienst" verklärt (Bäcker 2014: 29, 36). Dies betraf aufgrund verschiedener politischer Systeme eher westdeutsche als ostdeutsche Frauen (Butterwegge; Hansen 2012: 115 ff.; Drasch 2011: 173 ff.).

Im 21. Jahrhundert, losgelöst vom Patriarchat, in Zeiten von Feminismus, gleichgeschlechtlicher Ehe und „Gender-Studys", bleibt die weibliche Herausforderung jedoch bestehen, Familie und Karriere in Einklang zu bringen, weshalb vielfach Teilzeitbeschäftigungen nachgegangen wird (Bäcker 2014: 31, 36; Butterwegge; Hansen 2012: 128). Untersuchungen legen nahe, dass viele Frauen im Hinblick auf ihre Work-Life-Balance auch gezielt Berufe im Niedriglohnsektor, wie im Dienstleistungsbereich oder in Kunst und Kultur anstreben, da sich die dort spezifischen Arbeitsbedingungen etwa durch Teilzeit und Home-Office zu ihrem Vorteil erweisen (Schubert 2015: 44; Butterwegge; Hansen 2012: 121 f.). Bleibt einerseits somit mehr Zeit für Familie und Selbstpflege, wirkt sich die kreative Berufswahl oft zu Ungunsten der Einkommenshöhe, fehlender Aufstiegschancen und Rentenansprüchen aus (Schubert 2015: 44, 50, 57).

Selbst gut ausgebildete Frauen in Vollzeitbeschäftigung erfahren durch bis zu durchschnittlich 23 % niedrigere Gehälter als äquivalent qualifizierte Kollegen eine diskriminierende finanzielle Benachteiligung, welche sich bis auf die Rentenanwartschaft auswirkt (Butterwegge; Hansen 2012: 121). Public Health Forschung kann durch Studien zur Gesundheit von berufstätigen und nicht erwerbstätigen Frauen Sensibilität und Aufmerksamkeit für die Thematik fördern und sachdienliche Erkenntnisse generieren, welche etwa zum gleichen Lohn für gleiche Arbeit „equal pay" beitragen könnten.

2.3 Arbeitsmarkt/Erwerbsbiographie:

Arbeitslosigkeit zählt zu den größten Risikofaktoren, um im Ruhestand von Altersarmut betroffen zu sein (Hübner 2017: 196; Butterwegge 2013: 710). Immerhin 15 % schieden 2013 wegen Arbeitslosigkeit in den Vorruhestand aus (StaBu 2015: 13). Ist die deutsche Wirtschaft im Aufschwung, ist dies zwar sehr erfreulich, doch wie so oft steckt der Teufel im Detail. Butterwegge (2013: 709) skizziert demnach eine Kehrtwende des Arbeitsmarktes und datiert hierfür die globale Finanzkrise 2008/2009 als wesentlichen Verursacher von „prekären Arbeitsverhältnissen", worunter er geringfügige Beschäftigungen, Zeit-und Leiharbeit sowie befristete Tätigkeiten zusammenfasst.

Wird einerseits in der Politik unaufhörlich das arbeitspolitische Ziel der „Vollbeschäftigung" propagiert, so breitet sich doch der „Niedriglohnsektor" seit Jahren rapide aus.

Selbst die Vollbeschäftigung (auch über Jahrzehnte) ist kein Garant dafür, im Alter nicht von Armut gefährdet zu sein (Kain 2009; Schmitz 2012: 101; Klammer 2017: 24; Schubert 2015: 58). Schließlich kumuliert weniger die entrichtete Beitragszeit als die an die GRV entrichtete Beitragshöhe (s. Abschnitt 2.4) (Bäcker 2014: 25, 27; Kistler; Trischler 2014: 14). Von den niedrig entlohnten Berufen, welche somit Potential für Altersarmut suggerieren, zählen nahezu alle zum Dienstleistungsbereich, in welchem überwiegend Frauen arbeiten, unter anderem: Pflege, Gastronomie (s. Anhang Nr. III) (Schubert 2015: 58).

Nicht nachgefragte Qualifikationen, Wiedereinstieg nach Familienpausen und Pflege von Angehörigen erschweren besonders oft Frauen und älteren Arbeitnehmern eine nahtlose Erwerbsbiographie (Klammer 2017: 18; BMAS 2017a: 20). So weist etwa die Arbeits-agentur alleinerziehende (zumeist Frauen) aufgrund wahrscheinlich angenommener eingeschränkter Flexibilität als „kritisch" vermittelbar aus (BA 2017b: 05; Klammer 2017: 18). Erschwerend hinzukommt das kapitalistische System der Marktwirtschaft, das eine Leistungsgesellschaft erschuf, in welcher den vermeintlich „gering Qualifizierten" konti-nuierlich suggeriert wird, dass sie jederzeit austauschbar bzw. durch Automatisierung ersetzbar seien (Wiedemann 1967: 185). Der entstehende psychische Druck, der sich auch in Zukunftsängsten, Unruhe und Minderwertigkeitskomplexen manifestiert, führt zu vermehrten krankheitsbedingten Fehltagen und einer erhöhten Anfälligkeit für Sucht-erkrankungen und Suizid (Lochthowe 2008: 17, 81, 86; Wicker; Stirn 2011: 30 f.; Lampert; Kroll 2010: 05). Hiermit haben u.a. so manche ehemalige DDR-Bürger durch den erlebten politischen Systemwechsel und den Folgen der sog. „Wende", wie etwa mangelnder Anerkennung von Qualifikationen und Lebensleistung, besonders schmerz-liche Erfahrungen gemacht (RKI 2011: 42; Klammer 2017: 21 f.; Spieler 2012: 130 ff.:

„Sie waren noch zu jung, um für eine Frühverrentung infrage zu kommen, jedoch bereits zu alt, um auf dem, [bundesdeutschen]'Arbeitsmarkt noch Fuß fassen zu können" (Klammer 2017: 21 f.).

Von den etwa eine Million Langzeitarbeitslosen[5], welche als besonders armutsgefährdet gelten, waren mehr als ein Viertel über 55 Jahre alt und somit auf dem hiesigen Arbeits-markt schwer vermittelbar (BA 2017c: 01; Zeit Online 2017).

---

[5] Stand November 2017

Richter-Kornweitz (2012a: 158) plädiert daher für eine altersgerechte Anpassung des Arbeitsplatzes, um Arbeitsplätze länger zu erhalten und Frühverrentungen zu reduzieren. Dies erhöhe die Leistungsansprüche und verringere die Folgen von Gefährdung, so die Autorin. Auch Kistler; Trischler (2014: 17) appellieren, das Potential älterer Erfahrener zu nutzen und beklagen, die Nachfrage auf dem Arbeitsmarkt müsse deutlich erhöht werden. Als Vorbild könnte hierzu Schweden dienen, welches mit über 70 % die EU-weit höchste Beschäftigungsquote der 55- bis 64-Jährigen aufweist (StaBu 2016: 26). Durch dieses multifaktorielle Konstrukt entgehen den künftigen Rentenanwärtern wertvolle Entgeltpunkte der Rentenversicherung und somit höhere Rentenansprüche (Bäcker 2014: 27; Klammer 2017: 17; Fahimi 2017: 54).

Ein Ansatz für Public Health könnte hier einerseits sein, Arbeitgeber für betriebliches Gesundheitsmanagement (BGM) bzw. betrieblicher Gesundheitsförderung (BGF) im Eigeninteresse zu interessieren, was gerade in kleineren aber auch mittleren Unternehmen trotz Zunahme noch nicht zum Standard gezählt werden kann.

Andererseits gemeinsam durch Gesundheitswissenschaftler, Berufsgenossenschaften, Gesundheitsversicherungen und Arbeitsmedizinern initiierte Pilot-Projekte ins Leben zu rufen mit dem Ziel, die Arbeitsfähigkeit zu verlängern, das Ausmaß von Rentenanwartschaften zu steigern und Ausgaben für Krankheit und Sozialleistungen zu senken.

2.4 Mangelnde Altersvorsorge:

Das sog. „Drei-Säulen-Modell", bestehend aus der gesetzlichen Rentenversicherung (GRV), der privaten Rentenversicherung (PRV) und der betrieblichen Rentenversicherung (BRV), verfolgt die Maxime, den im Erwerbsleben erworbenen finanziellen Lebensstandard der Bevölkerung bei Renteneintritt aufrechtzuerhalten (Bäcker 2014: 25, 27). Gemäß Fahimi (2017: 54) sind 90 % der Altersgruppe über 65 in der GRV versichert. Die bisher herausragende Bedeutung der ersten Säule verlagert sich aber seit Jahren zunehmend auf die zweite Säule der PRV (Bäcker 2014: 26 f.).

Der Gesetzgeber hat in verschiedenen Stellungnahmen erläutert, dass die GRV nicht mehr länger als Vollversicherung interpretiert werden könne, sondern vielmehr eine Unterstützung darstelle (BMAS 2017a: 12; Bäcker 2014: 27). Dies lässt sich vergleichen mit einer Teilkaskoversicherung für den Privatwagen, wobei im Schadensfall auch nicht alle Unkosten abgedeckt werden und eine Selbstbeteiligung fällig wird.

Nichtsdestotrotz nimmt die erste Säule, wie Bäcker (2014: 26 f.) feststellt, im internationalen Vergleich weiterhin eine übergeordnete Rolle in Deutschland ein.

Seit 2002 wird eine mehrfach von verschiedenen unabhängigen Instituten ausgezeichnete, staatlich großzügig subventionierte, private Altersvorsorge angeboten, um die Auswirkungen der „Teilkaskoversicherung" durch die sogenannte „Riester-Rente"[6] zu kompensieren (Stiftung Warentest 2017: 76 ff.; Institut für Vorsorge und Finanzplanung 2017; Verbraucherzentrale Hamburg 2017). Dennoch sind renditefinanzierte, private Altersvorsorgen, wie zum Beispiel die „Riester-Rente", in die Kritik geraten (BMAS 2012: 09; Butterwegge 2012: 19, 22; Rheinische Post 2004), besonders:

„seit durch die Wirtschafts-und Finanzkrise erneut deutlich wurde, wie unsicher die gängigen Annahmen über die Renditen der kapitalmarktabhängigen Alterssicherung sind" (Kistler; Trischler 2014: 10).

Zudem erübrigt sich die Frage, wovon Geringverdiener, die keine Sparmöglichkeiten haben, die, wenn auch subventionierten, Beiträge zur Riester-Rente aufbringen sollen (Kistler; Trischler 2014: 14; Butterwegge 2012: 19).

Kistler; Trischler (2014: 17) haben drei wesentliche Phasen identifiziert, welche die künftigen Rentenansprüche maßgeblich beeinflussen: Der Berufseinstieg (allgemein), die „mittlere Erwerbsphase" bei Frauen sowie der Berufsausstieg (allgemein) bei Erreichen des Rentenalters.

Demnach genügt eine einzige kritische Phase bereits, um einen lückenlosen Erwerbsverlauf zu gefährden. Dies zeigt sich auch an Daten aus dem Jahr 2014, wonach jede fünfte Frau und jeder siebte Mann eine monatliche Rente von unter 900 Euro zur Verfügung hatte, um den Lebensunterhalt zu bestreiten (StaBu 2016: 33). Zudem machen die Autoren darauf aufmerksam, dass die Reformierung der Erwerbsminderungsrenten 2001 die Altersarmut durch Kürzungen stark befördert habe (Kistler; Trischler 2014: 10 f.). Gemäß der derzeit gültigen „Rentenformel" wird pro Beschäftigungsjahr maximal ein einziger sog. „Entgeltpunkt" dem Rentenversicherungsverlauf der Beschäftigten gutgeschrieben, wenn sich die entrichteten Versicherungsbeiträge äquivalent zum mittleren Einkommen aller Versicherten verhalten (Bäcker 2014: 27). Der Autor Gerhard Bäcker, führt die anschließende Bemessung des Rentenniveaus wie nachfolgend aus:

---

[6] Benannt nach Walter Riester (Bundesminister für Arbeit und Sozialordnung der SPD, 1998-2002).

„Um das als „Rentenniveau" definierte Verhältnis zwischen Renten und Arbeitnehmer-entgelten und damit die Lohnersatzrate zu ermitteln, werden die durchschnittlichen Nettoarbeitsentgelte mit den Nettorenten, die sich mit 45 Entgeltpunkten errechnen (jeweils vor Steuern), in Beziehung gesetzt" (Bäcker 2014: 27).

Dieses Rentenniveau vor Steuern, liegt bei Stand dieser Arbeit bei 48,2 %, und sinkt gemäß der Bundesregierung bis 2031 auf 44,6 %, weshalb diese auch ausdrücklich darauf hinweist: *„[...] dass die gesetzliche Rente zukünftig alleine nicht ausreichen wird, um den Lebensstandard des Erwerbslebens im Alter fortzuführen"* (BMAS 2017a: 12). Wittrahm (2017: 29) und Klammer (2017: 25) sprechen in diesem Zusammenhang von einem nicht hinnehmbaren Skandal. Aus dem Arbeitsministerium heißt es hierzu, das sinkende Rentenniveau habe keine Auswirkungen auf künftige Renten: *„Es bedeutet nur, dass sie langsamer steigen als die derzeitigen Löhne"* (Fahimi 2017: 55). Dieses Aus-einandergleiten der Variablen „Renten" und „Löhne" sei erforderlich, um die gesetzliche Rente generationengerecht zu sichern, so Fahimi (2017: 55).

Für die Gesundheitswissenschaften bedeutet mangelnde Altersvorsorge ein Erklärungs-ansatz für das Auftreten vermeidbarer gesundheitlicher Risiken, jedoch kaum Einfluss-möglichkeit auf sozialpolitische Entscheidungen.

2.5 Schulden:

Im Jahr 2016 lag die durchschnittliche Verschuldung aller Schuldner in der Bundes-republik bei 31.613 Euro[7] (StaBu 2017b: 05). Betroffen waren auch 7 % der über 65-Jährigen und etwa doppelt so viele der 55- bis 65-Jährigen (13 %) (StaBu 2017b: 05). Besonders verschuldet sind der Datenlage zufolge gescheiterte Selbständige, welche zu meist mangels gesetzlichem Versicherungsschutz und hohen unternehmerischen Risiken verstärkt armutsgefährdet sind. (Bäcker 2014: 32; Klammer 2017: 19 f.). Dies betraf jeden achten der 65- bis 70-Jährigen ehemals Selbständigen und noch jeden zehnten der über 70-Jährigen (StaBu 2017b: 08). Jeder fünfte aller Schuldner gab als Hauptursache für die Überschuldung den Verlust des Arbeitsplatzes bzw. bei den 65- bis über 70-Jährigen ein zu geringes Einkommen an (StaBu 2017b: 08).

In wie vielen Fällen pathologische Glücksspielsucht zu einer Verschuldung derzeitig von Altersarmut Betroffenen geführt hat, kann nicht beziffert werden, da hierzu Daten nicht

---

[7] Die Quelle verweist auf eine wahrscheinliche hohe Dunkelziffer, da nicht alle Betroffenen Hilfe in Anspruch nähmen sog. „verschämte Armut".

nach Altersgruppen und Sozioökonomischem Status (SES) bzw. nicht nach höheren Altersgruppen und SES differenziert erfasst werden (Mortler 2017: 67 ff.; Meyer 2018: 113 ff.). Jedoch ist der Datenlage zu entnehmen, dass Personen mit „pathologischem Spielverhalten" die mit deutlichem Abstand höchsten Verschuldungen vor Schuldnern mit legalen und illegalen Drogen-abhängigkeiten aufweisen und somit ein besonders hohes Armutsgefährdungspotential im Alter (Braun et al. 2017, zit. in Meyer 2018: 131). Jeder siebte Glücksspielsüchtige und jeder zehnte Kokainabhängige hatte hiernach bis zu 25.000 Euro Schulden, jeder zehnte Spieler gar bis zu 50.000 Euro Schulden (Braun et al. 2017, zit. in Meyer 2018: 131). Die Gesundheitswissenschaften haben sich bisher in Deutschland vergleichsweise wenig mit Glücksspielsucht, deren Ursachen und gesundheitlichen Folgen befasst, weshalb ein Nachholbedarf gegenüber den deutlich stärker erforschten Drogenabhängigkeiten angemerkt werden kann. Gründe hierfür sind wahrscheinlich die unterschiedliche Symptomatik, der damit einhergehende erkennbare Unterstützungsbedarf sowie die strafrechtliche Erfassung. Public Health Forschung kann hierzu wichtige Erkenntnisse generieren. In diesem Kapitel wurden Risikofaktoren vorgestellt, welche ein großes Gefährdungspotenzial für Altersarmut bergen können.
Viele sind vermeidbar, bedürfen jedoch immaterieller Ressourcen wie Wissen, Flexibilität und Elan. Andere wiederum sind kaum oder gar nicht beeinflussbar, wie zum Beispiel Arbeitsmarkt, Herkunft oder Genetik.

3.0 GESUNDHEITLICHE FOLGEN VON ALTERSARMUT FÜR BETROFFENE

Gesundheitliche Ungleichheit wurde vor den 1990er Jahren in erster Linie für die Altersgruppen der unter 65-Jährigen untersucht, was einen Schwerpunkt auf heranwachsende und erwerbstätige Erwachsene suggeriert (Richter; Hurrelmann 2009: 14 f.; Mergenthaler 2012: 37 f.; Lampert; Hoebel; Kuntz et al. 2017: 140). Erst ab dem Zeitraum der deutschen Wiedervereinigung und der Entstehungsphase der deutschen Pflegeversicherung werden auch die Altersgruppen der über 65-Jährigen untersucht (Richter; Hurrelmann 2009: 14 f.; Mergenthaler 2012: 37 f.; McMunn 2006: 268 f.; Knesebeck; Schäfer 2009: 256). Neben dem daraus resultierenden generellen Nachholbedarf in der Erforschung gesundheitlicher Ungleichheit bei über 65-Jährigen, konstatieren Richter; Hurrelmann (2009: 15) wie auch Mergenthaler (2012: 38) einen zusätzlichen Nachholbedarf im deutschsprachigen Raum. Vor diesem Hintergrund definiere ich mein Verständnis „gesundheitlicher Folgen" in Anlehnung an „gesundheitliche Ungleichheit" (Mielck; Helmert 2012: 493 f.) als:

„Jegliche subjektiv empfundenen unerwünschten Einbußen von Gesundheit und Lebensqualität, welche mit persönlicher Betroffenheit von Armut assoziiert sind".

Um solche Sachverhalte aufzudecken, bietet sich der sog. „Public Health Action Cycle" (s. folgende Abbildung II) an. Dabei handelt es sich um ein gesundheitswissenschaftliches Modell, welches drei aufeinander aufbauende wissenschaftliche Ansätze zur Feststellung und Maßnahmenentwicklung verbindet (Mergenthaler 2012: 37).

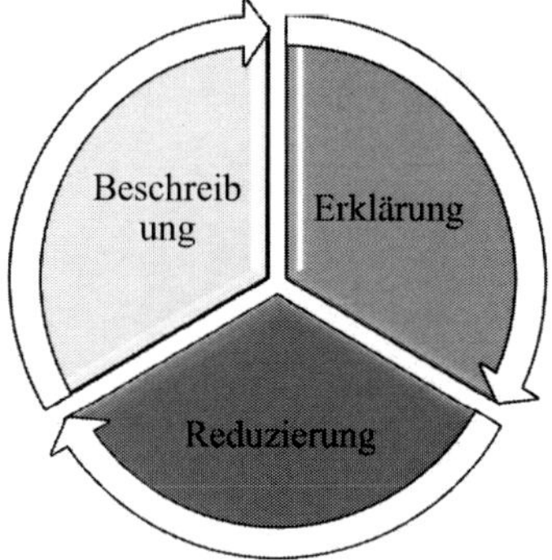

Abbildung II: „Public Health Action Cycle" - Ansätze zum Vorgehen gegen gesundheitliche Ungleichheit (Richter; Hurrelmann 2009: 14), eigene Darstellung.

Am Anfang stehen zunächst empirische Beobachtungen von Ereignissen und Auswirkungen, die im Verlauf beschrieben werden. Um hieraus rationale Schlüsse ziehen zu können, kommen als Erklärung qualitative Surveys und Interviews in Betracht, deren Auswertungen Indizien für kausale Zusammenhänge identifizieren oder ausschließen können (Richter; Hurrelmann 2009: 14; Huisman 2008: 360; Mergenthaler 2012: 36 f.). Ausgehend von den identifizierten Indizien lassen sich somit gezielt spezifische Maßnahmen entwickeln, um unerwünschte Faktoren wie etwa pathogene Verhaltensweisen oder Angewohnheiten messbar zu reduzieren.

Wie in jeder wissenschaftlichen Fachdisziplin gibt es auch in den Gesundheitswissenschaften „quantitativ" und „qualitativ" orientierte Forscher. Da letzteren aus verschiedenen Gründen oft weniger Aufmerksamkeit gewidmet wird -wobei es einen großen Bedarf an „qualitativ erklärenden" theoretischen Ansätzen gibt- (Mergenthaler 2012: 52), werden auch solche im Folgenden vorgestellt.

Qualitativ erklärende Konzepte zur Beschreibung und Erklärung von gesundheitlicher Ungleichheit bei älteren Menschen erläutert u.a. Olaf von dem Knesebeck in seinen Thesen der „Kontinuität", der „Destrukturierung" sowie der „Kumulation" (Knesebeck 2005: 22 f.). Gemäß der „Kontinuitätsthese"[8] hat der über Ausbildung und Beruf erworbene Sozialstatus (ausgehend von nahtloser Erwerbsbiographie) die persönliche Gesundheitskompetenz und den Lebensstil derart geprägt, dass er sich im Rentenalter fortführt (Knesebeck 2005: 22; Mergenthaler 2012: 39; Mergenthaler 2007: 483 ff.; Kohli 1990: 391 ff.; Pampel; Hardy1994: 290; O'Rand; Henretta 1999: 09).

Die „Destrukturierungsthese" geht vom Gegenteil aus, indem sie annimmt, dass der aus dem Lebenslauf resultierende soziale Status im Ruhestand an Bedeutung verliere und dafür der Gesundheitszustand in den Vordergrund rücke (Knesebeck 2005: 23; Pampel; Hardy 1994: 293; O'Rand; Henretta 1999: 09 f.).

Die „Kumulationsthese" schließlich verortet ein sozioökonomisch bedingtes Missverhältnis an Ressourcen und der Aussetzung von Belastungen als Auslöser für gesundheitliche Ungleichheit (Knesebeck 2005: 23; Dowd; Bengston 1978: 427; Pampel; Hardy 1994: 292). So seien Niedrigverdiener, selbst wenn sie wollten, gar nicht in der Lage, private Vorsorge zu betreiben (Kistler; Trischler 2014: 14; Butterwegge 2012: 19). Der Vollständigkeit halber sei zu dem auf die „Selektionsthese" hingewiesen, welcher zufolge die individuelle Gesundheit den sozialen Status bedinge und somit für einen Auf- oder Abstieg im Lebenslauf verantwortlich sei (Richter; Hurrelmann 2009: 20; Mielck; Helmert 2012: 506). Aufgrund der holistischeren Sichtweise im qualitativen Ansatz Knesebecks werden daran angelehnt in dieser Arbeit die vielen verschiedenen Aspekte, welche im Laufe seines Lebens auf einen Menschen einwirken können, beschrieben, um ein menschliches Gesamtbild zu kreieren, welches allein hinter Zahlen versteckt leicht in Vergessenheit geraten kann. Im Weiteren wird sich mit den Auswirkungen von armutsbedingten gesundheitlichen Folgen auf wesentliche, in der Fachliteratur erwähnten,

---

[8] Synonym wird auch von „Kausations-bzw. Verursachungshypothese" gesprochen, wonach der soziale Status die Gesundheit bedingt (Heinzel-Gutenbrunner 2001: 41; Mielck 2006: 978; Mergenthaler 2012: 100; Richter; Hurrelmann 2009: 21).

Aspekte auseinandergesetzt.

3.1 Lebenserwartung:

Die durchschnittliche Lebenserwartung liegt in Deutschland für Jungen, welche 2015 geboren sind, bei 78,3 und für Mädchen bei 83,2 Lebensjahren (StaBu 2018e). Damit haben beide Geschlechter trotz Diskrepanzen eine zwei bis drei Jahre höhere Lebenserwartung, als etwa jene Generation Männer, welche 2016 durchschnittlich im Alter von 75,2 Jahren und jene Frauen, welche mit 81,5 Jahren verstarben (StaBu 2018f). In der Bundesrepublik lebten im Jahr 2015 ca. 17 Mio. über 65-Jährige (StaBu 2017c: 32). Dass eine allgemein höhere Lebenserwartung der Deutschen auch ein Risiko für Altersarmut darstellen könnte, wird bezweifelt (Bosbach; Korff 2012: 175).

Neben der seit langem bekannten Feststellung, dass das weibliche Geschlecht ein begünstigender Faktor für die Lebenserwartung einer Person darstellt und die allgemeine durchschnittliche Lebenserwartung in den Industriestaaten ungebrochen steigt, verbleibt dennoch eine Diskrepanz zwischen jenen der niedrigen Einkommensklasse (nachfolgend ≤ SES) und jenen der besser gestellten (nachfolgend ≥ SES) (Wittrahm 2017: 30; Lampert; Kroll 2010: 02; Mergenthaler 2012: 22). Menschen mit niedrigem Einkommen aus der sog. „Unterschicht" versterben deutlich früher als privilegiertere aus der „Oberschicht" (Lampert; Kroll 2010: 02; Mergenthaler 2012: 26). So haben Frauen mit ≤ SES eine acht Jahre und Männer eine elf Jahre niedrigere Lebenserwartung als jene mit ≥ SES[9] (RKI 2015: 141; Lampert; Kroll 2010: 02). Richter-Kornweitz konstatiert für die durchschnittlich niedrigere Lebenserwartung von Männern allgemein:

„genetische und hormonelle Unterschiede, die Kombination von negativen sozioökonomischen Faktoren mit risikoreichen Verhaltensweisen, eine stärkere Stressbelastung durch das Berufsleben sowie die höhere Betroffenheit von Herzkrankheiten und Malignomen" (Richter-Kornweitz 2012a: 153).

Auch die gesundheitliche Versorgung im Sinne einer höchst umstrittenen „Zwei-Klassen-Medizin" wirkt sich auf die individuelle Lebenserwartung aus (Lauterbach 2007: 59 ff.; Spahn 2018). Ein Vergleich zwischen gesetzlich- und privatversicherten Männern hat einen Unterschied in der Lebenserwartung von sieben Jahren zugunsten der privat

---

[9] Lampert; Kroll (2014: 01) verweisen darauf, dass in Deutschland keine sozioökonomischen Merkmale bei Feststellung von Tod-und Ursache erhoben würden, und es auch an einem zentralen Sterberegister fehle. Empirische Daten beruhten demnach auf Studien-Follow-ups, sowie Sozialversicherungsträgern.

versicherten ergeben (Der Stern 2005: 51; Mielck; Helmert 2006: 32).

Einkommensschwache können sich selbstverständlich keine private Krankenversicherung leisten bzw. wird ihnen die Aufnahme verwehrt und Standardtherapien eher verordnet als Innovationen (Mielck; Helmert 2006: 33; Krobot et al. 2005: 756 ff.; Ziegenhagen et al. 2004: 108 ff.). In der Fachliteratur wird beschrieben, dass die individuelle Lebenserwartung auch durch die sog. „gesundheitliche Resilienz", bestimmt werde, welche ebenfalls von der Schichtzugehörigkeit abhänge (vgl. Mergenthaler 2012). Der Autor Andreas Mergenthaler erläutert diese folgendermaßen:

„Von gesundheitlicher Resilienz im Alter kann dann gesprochen werden, wenn eine vergleichsweise hohe gesundheitliche Lebensqualität in mentaler oder physischer Hinsicht im Altersgang ab dem 65. Lebensjahr aufrecht erhalten wird, trotz oder während des Lebenslaufs kumulierten gesundheitlichen Risiken, die mit einer relativ benachteiligten sozioökonomischen Lage in Folge einer „unteren" sozialen Schichtzugehörigkeit verbunden sind" (Mergenthaler 2012: 76).

Neben dem Einkommen als Gradienten zur Beschreibung gesundheitlicher „vertikaler Resilienz" (resultierend aus hohem gegenüber niedrigem Einkommen) differenziert Mergenthaler dagegen gesundheitliche „horizontale Resilienz" als unterschiedliche Umgangsweisen bzw. Strategien von Betroffenen derselben Schicht mit gesundheitlicher Ungleichheit:

„so erscheint es durchaus plausibel, dass es auch in sozioökonomisch benachteiligten Statusgruppen einen, wenn auch vergleichsweise geringeren Anteil von Menschen gibt, die in verhältnismäßig „guter" Gesundheit altern" (Mergenthaler 2012: 26).

Genau jene Minderheit gelte es zu erforschen, um Erkenntnisse zur Strategienentwicklung zu generieren (Mergenthaler 2012: 27; Richter; Hurrelmann 2009: 27).

3.2 Chronische Erkrankungen:

Chronische Erkrankungen beeinträchtigen die Gesundheit der Betroffenen dauerhaft sowohl in der Bewältigung ihres täglichen Alltags und ihrer Partnerschaft, als auch in ihrer holistischen (ganzheitlichen) Leistungsfähigkeit (Lampert; Kroll 2010: 03). So war mehr als jede(r) zweite (ca. 60 %) der über 65-jährigen Seniorinnen und Senioren mit $\leq$ SES im Alltag eingeschränkt, jedoch nur 40 % der Senioren und 45 % der Seniorinnen mit $\geq$ SES (Lampert; Kroll 2010: 04). In der Medizin gibt es keine einheitliche Definition, wann ein Leiden als chronisch definiert wird (Scheidt-Nave 2010: 02; Gerlach; Beyer; Muth et al. 2006: 336).

Das Robert Koch-Institut (RKI) definiert diese folgendermaßen:

„Als chronische Krankheiten werden lang andauernde Krankheiten bezeichnet, die nicht vollständig geheilt werden können und eine andauernde oder wiederkehrend erhöhte Inanspruchnahme von Leistungen des Gesundheitssystems nach sich ziehen" (RKI 2014b: 41).

Der Gemeinsame Bundesausschuss (G-BA) interpretiert chronische Leiden darunter in seiner aktuellen sog. „Chroniker-Richtlinie" mit ähnlicher gesundheitsökonomischer Sichtweise:

„Eine Krankheit ist schwerwiegend chronisch, wenn sie wenigstens ein Jahr lang, mindestens einmal pro Quartal ärztlich behandelt wurde (Dauerbehandlung) [...] [und eines von drei definierten Kriterien erfüllt d. Verf.]" (G-BA 2017: 03).

Menschen mit $\leq$ SES erkranken häufiger an Herz-Kreislauf- und Atemwegserkrankungen sowie an Stoffwechselstörungen und bestimmten Krebsarten als Angehörige der Mittel- bzw. Oberschicht (Lampert; Kroll 2010: 03; Geyer 2008: 965 ff.; Mielck; Helmert 2012: 499, 501). In Bremen starben mit 22 % der Männer und 11 % der Frauen vor Berlin (21 % Männer und 10 % Frauen) bundesweit die meisten Menschen an Herz-Kreislauferkrankungen in Folge des bei sozial schwächeren weit verbreiteten Rauchens (DKFZ 2015: 52 f.). In Hamburg gab es eine kaum geringere Mortalität (18 % der Männer und 9 % der Frauen) (DKFZ 2015: 52 f.). Auch die raucherassoziierte Lungenkrebsmortalität, welche bei 89 % der Bremer und Berliner sowie 69 % der Bremerinnen und Berlinerinnen todesursächlich war, erwies sich hierdurch in zwei der drei Stadtstaaten als überproportional (DKFZ 2015: 50 f.).

Von den über 65-Jährigen der niedrigsten Bildungsgruppe beider Geschlechter erlitten etwa doppelt so viele eine koronare Herzkrankheit (KHK) oder Chronische Bronchitis wie Akademiker (RKI 2014b: 73, 79).

Adipositas (Fettleibigkeit) trat bei Nicht-Akademikerinnen im Ruhestand etwa doppelt so häufig auf als bei Akademikerinnen und bei Männern, bei welchen dies etwa jeden sechsten Akademiker, aber jeden fünften ohne Hochschulabschluss betraf (RKI 2014b: 94). Dies spiegelt sich auch in den Bewegungsmustern wider, wonach 73 % der Frauen und 83 % der Männer im Rentenalter bei $\leq$ SES keinen Sport treiben, im Vergleich zu 42 % beider Geschlechter mit $\geq$ SES (RKI 2017: 87). Durch den krankheitsbegünstigenden Lebensstil der bildungsferneren Menschen entfällt ein hoher Anteil der Gesundheitskosten in die medizinische Behandlung vermeidbarer chronischer Erkrankungen

(Menning 2006: 11; Mergenthaler 2012: 26). Mitverantwortlich für diesen Aspekt ist dabei auch die Tatsache, dass Präventionsangebote von Geringverdienern bewusst wie unbewusst weitaus seltener wahrgenommen werden (Lampert; Kroll 2010: 05; Bauer 2005 zit. in Lampert; Kroll 2010: 05).

3.3 Fehlernährung:

Menschen mit ≤ SES ernähren sich in nahezu allen Altersgruppen bei beiden Geschlechtern häufiger ungesund (RKI 2014b: 104, 107). So wird weniger Obst und Gemüse verzehrt, wohingegen überdurchschnittlich häufig fettreiche und vitaminarme Erzeugnisse sowie sehr zuckerhaltige und hochkalorische Getränke im Vergleich zu Mitmenschen mit mittlerem oder hohem SES konsumiert werden (Lampert; Kroll 2010: 05; Heindl 2007: 32 ff.; RKI 2014b: 104, 107; Heseker 2017; DGE 2017). Dieses kontraproduktive Gesundheitsverhalten begünstigt Erkrankungen wie Diabetes Typ 2 und Adipositas, weshalb deutsche Ärzte fordern, eine Zuckersteuer wie sie bereits in England existiert einzuführen, um Hersteller zum Einlenken zu zwingen und süße Produkte für Kunden preislich unattraktiver zu machen (Seisselberg 2018; RKI 2017: 83; RKI 2015: 62 f., 151).

Molling und Selke (2012: 267, 273) weisen zudem darauf hin, das unter jenen 1,5 Mio. Nutzern der „Tafeln" auch ein Viertel über 65-Jährige seien, für welche die Verfügbarkeit eines diabetikergeeigneten Angebots an Lebensmitteln nicht garantiert werden könne. Die über 900 gemeinnützigen Deutschen „Tafeln" versorgten 2016 bundesweit etwa 1,5 Mio. von Armut Betroffene, hiervon 23 % im Rentenalter, u.a. mit Lebensmitteln (Bundesverband Deutsche Tafel e.V. 2016: 06 ff.). Es gibt Hinweise darauf, dass der Anteil älterer, für die das Angebot der Tafel relevant wäre, noch deutlich größer sein könnte, da von der Nutzung aus multifaktoriellen Gründen wie Stigmata und beeinträchtigter Mobilität bzw. mangelnder Logistik kein Gebrauch gemacht wird (Molling; Selke 2012: 273 f.). Der Autor Butterwegge warnt: *„Die wachsende soziale Ungleichheit droht den inneren Frieden und die Demokratie zu gefährden"* (2013: 709).

Übergewichtig war, wie der Grafik (Tabelle II) auf der nächsten Seite zu entnehmen ist, mit 40 % weit mehr als jeder dritte der über 65-Jährigen mit ≤ SES bundesweit. Hiervon unter den Stadtstaaten mit 40 % die meisten in Bremen, gefolgt von Berlin (36 %) und Hamburg (33 %) (GBE-Bund 2018a).

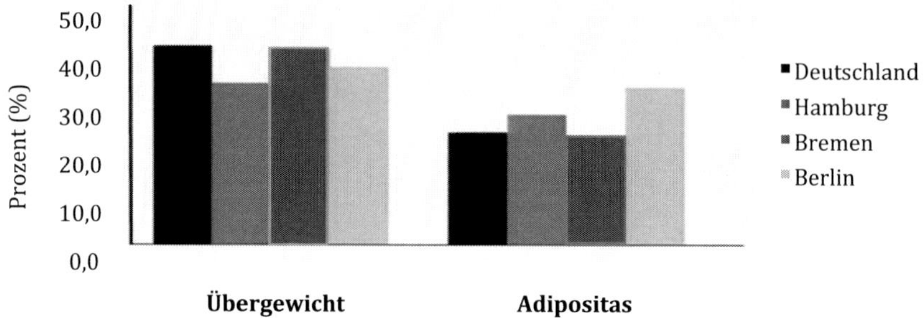

Tabelle II: Prävalenz von Übergewicht und Adipositas bei über 65-jährigen beider Geschlechter mit niedrigem sozioökonomischem Status, nach Großstadt in Prozent (%), Datenstand 2014-2015, eigene Darstellung (GBE-Bund 2018a).

Nach Geschlecht differenziert handelte es sich in den Hansestädten überwiegend um Männer (Hamburg: 46 % vs. 30 %, Bremen: 42 % vs. 39 %), in der Hauptstadt dagegen um Frauen (38 % vs. 30 %) (GBE-Bund 2018a). Hervorsticht in Bremen die vergleichbar hohe „Prävalenz" (Krankheitshäufigkeit) unter beiden Geschlechtern.

Die Adipositas-Prävalenz steigt bei beiden Geschlechtern mit zunehmendem Alter an. Sie betraf zum Datenstand 2014/2015 bundesweit etwa jeden fünften (23 %) der über 65-Jährigen mit $\leq$ SES (s. Tabelle II), wovon jeder vierte männlich (25 %), und jede fünfte weiblich (22 %) war (GBE-Bund 2018a). Mit Abstand lebten hiervon unter den Stadtstaaten die meisten in der Hauptstadt (32 %), in Hamburg etwa jeder vierte (26 %) und in Bremen etwa jeder fünfte (22 %) (GBE-Bund 2018a).

Nach Geschlecht unterschieden handelte es sich auch hierbei um eine Mehrheit von Männern (Berlin: 33 % vs. 32 %, Hamburg: 28 % vs. 26 %). Auffallend ist neben der hohen Prävalenz die stark ausgeglichene Konzentration von Adipositas in Berlin und Hamburg unter beiden Geschlechtern. Die verfügbaren Bremer Fallzahlen waren zu gering, um eingeschlossen werden zu können.

3.4 Suchtmittelmissbrauch:

Schätzungen zufolge weisen etwa 400.000 Deutsche im Ruhestand einen missbräuchlichen Alkoholkonsum (Dyckmans 2012: 37). Im Gegensatz zu vermeintlichen Annahmen sind über 65-jährige Männer weniger und insbesondere Frauen mit $\leq$ SES am geringsten anfällig für Alkoholismus, wogegen gleichaltrige Frauen (+ 32 %) und Männer

(+ 4 %) mit ≥ SES am empfänglichsten sind (RKI 2014c: 03; Hapke; von der Lippe; Gärtner 2013: 810). Wie sich dieser Sachverhalt erklären lässt, ist bislang nicht erforscht. Eine mit Alkoholismus assoziierte Mortalität, welche in Deutschland mit 5 % zu den zehnthäufigsten Todesursachen der über 65-Jährigen gehört, ist mangels SES-Erfassung nicht koppelbar (GBE-Bund 2018b). Auffallend ist jedoch, dass alkoholbedingte Erkrankungen in Berlin 2015 zu den achthäufigsten Todesursachen der über 65-Jährigen zählten, und woran 5 % der Männer und Frauen verstarben (GBE-Bund 2018b). In Bremen und Hamburg sind solche Fälle -die es sicherlich geben mag- jedoch nicht verzeichnet worden (GBE-Bund 2018b). Möglicherweise waren die Fallzahlen zu gering.

Der Anteil der Raucher sinkt mit zunehmendem Alter, wobei Männer nach wie vor trotz Trendwende häufiger rauchen als Frauen (Mortler 2017: 27). Hat der SES bei Seniorinnen keinen Einfluss, so variiert er bei Senioren mit ≤ SES, welche öfter rauchen als Gleichaltrige mit ≥ SES (RKI 2017: 86). Eine Studie, berichtet unter Berücksichtigung des SES von einer fast doppelt so hohen Rauchprävalenz bei Senioren (23 % vs. 11 %) und etwa zwei Dritteln bei Seniorinnen mit ≤ SES (16 % vs. 9 %) (RKI 2017: 86).

In Bremen und Berlin starben mit je 23 % bundesweit die meisten Männer, wie mit je 11 % auch Frauen wegen Rauchens (DKFZ 2015: 48 f.). In Hamburg waren es dagegen 20 % der Männer und 9 % der Frauen (DKFZ 2015: 48 f.). Diese Zahlen suggerieren einen großen Präventionsbedarf.

Der Konsum illegaler Drogen wie auch Medikamentenabhängigkeit wird bei der Altersgruppe der über 65-Jährigen gar nicht bis selten erfasst, insbesondere nicht im Zusammenhang mit dem SES, weshalb ein differenziertes Konsumverhalten kaum analysierbar ist (Mortler 2017; 43 ff.; Rummel; Lehner; Kepp 2017: 26 ff.; Glaeske 2014: 11 ff.; Piontek; Orth; Kraus 2018: 105 ff.). Dies ist insofern tragisch, als dass mit zunehmendem Alter besonders viele Medikamente verordnet werden (Polypharmazie) (s. Tabelle III auf folgender Seite), und somit Abhängigkeiten und Nebenwirkungen wahrscheinlicher sind (Böhm; Tesch-Römer; Ziese 2009: 151 f.; RKI 2015: 343). Besonders Seniorinnen erhalten häufig Psychopharmaka und Analgetika in Dosen und Dauern verschrieben, welche eine hohe Abhängigkeit bergen (Glaeske 2014: 12 ff.; Böger; Schmidt 2017: 237 ff.; Lohse; Müller-Oerlinghausen 2017: 681 ff.; Schröder; Telschow 2017: 783 ff.). Hierbei ist zu erwähnen, dass es sich bei vielen um Seniorinnen mit ≤ SES handelt, da bei diesen öfter Depressionen diagnostiziert werden als bei Senioren (auch im

Vergleich zu wohlhabenderen Gleichaltrigen) (RKI 2017: 83).

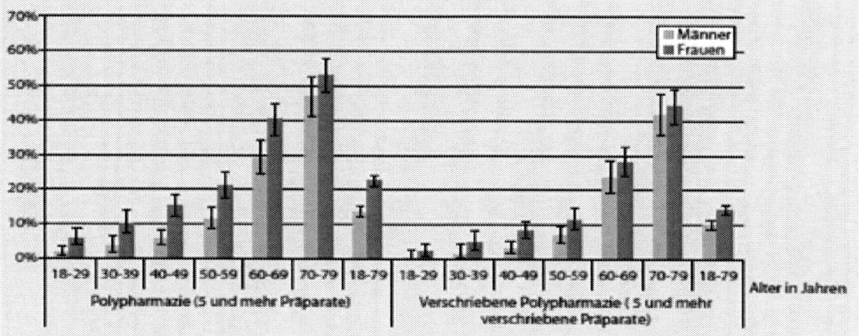

Tabelle III: Polypharmazie-Prävalenz nach Altersgruppen und Geschlecht in Prozent (%), Datenstand 2008-2011, Darstellung und Daten nach Knopf; Grams (2013: 872).

Jeder Dritte mit $\leq$ SES ist zudem wegen chronischer Schmerzen oft dauerhaft auf Analgetika angewiesen, wodurch diese überdurchschnittlich lange und hochdosiert verabreicht werden müss(t)en, um eine Schmerzlinderung zu bewirken (RKI 2017: 84). Forscher vermuten hinter der tatsächlichen Indikation auch eine herbeigeführte unterschiedliche Symptomartikulation von Patientinnen und Patienten und deren Interpretation durch Ärztinnen und Ärzte (Glaeske 2014: 10, 14 f.; Görres; Spieker 2017: 26 f.; Bernardes et al. 2013: 931 ff.; Hirsh et al. 2014: 551 ff.; RKI 2017: 83). Schließlich wird Frauen während ihres Lebens durchschnittlich 25 % häufiger ein Medikament verordnet als Männern (71 % vs. 46 %) (RKI 2015: 343; Knopf; Grams 2013: 871).

Ältere Menschen mit $\leq$ SES weisen überwiegend geringere gesundheitliche Resilienz wie auch Gesundheitskompetenz auf, was sich suchtbegünstigend auswirken kann (RKI 2017: 84; RKI 2015: 150 f.). Zusätzliche Hemmnisse wie Sprachbarrieren, Scham und niedriger Bildungsstand sind sensible Faktoren, welche sich nachteilig auf das Arzt-Patienten-Verhältnis auswirken können (Karger et al. 2017: 280 ff.; Schaeffer; Vogt 2017: 04 f.). Betroffene Patienten fragen aufgrund dessen seltener nach und berichten unspezifischer über Beschwerden, was eine korrekte Diagnostik und Behandlung erschweren kann und die Adhärenz bzw. Compliance (Mitsprache und Befolgung ärztlicher Verordnungen) negativ beeinflusst (Schaeffer et al. 2016: 43 ff.; Richter-Kornweitz 2012a: 158). Gesetzgebungen, wie die bis Jahresende 2012 bundesweit quartalsmäßig von gesetzlich Versicherten[10] zu entrichtende „Praxisgebühr" beim Aufsuchen eines (Zahn-)Arztes oder Psychotherapeuten, bewirkten zudem, dass von Altersarmut Betroffene eine ärztliche Konsultation aus Kostengründen seltener in Anspruch nahmen bzw. eine solche hinauszögerten (Butterwegge 2013: 710; Steinhausen; Kowalski; Janßen et al. 2008: 13 f.). Auf diesen Missstand heraus hat der Gesetzgeber durch die Wiederabschaffung der umstrittenen Gebühr reagiert (Butterwegge 2013: 710).

3.5 Lebensqualität und soziale Teilhabe:

Die subjektive Lebensqualität ist stark assoziiert mit dem individuellen Gesundheitszustand und dem SES (RKI 2017: 85; RKI 2015: 149 f.). Je gesünder ein Mensch ist, desto aktiver kann er sein Leben gestalten, was sich wiederum begünstigend auf seine Zufriedenheit, und somit auf seine Gesundheit auswirkt (Lübbers 2016: 13; Lampert et al. 2017: 141). In nachfolgender Tabelle (IV) ist die subjektiv bewertete Gesundheit verschiedener Altersgruppen nach Geschlecht und SES differenziert dargestellt. Je höher der relative Anteil der Säulen, desto unzufriedener waren die Befragten mit ihrer Gesundheit.

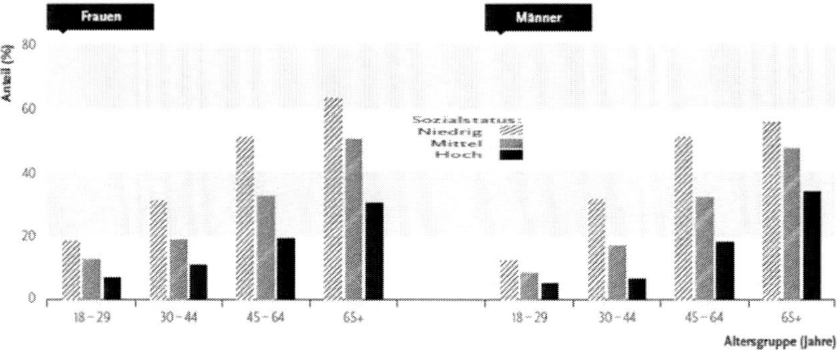

Tabelle IV: Subjektive Beurteilung der eigenen Gesundheit nach Altersgruppen, Geschlecht und Sozialstatus in Prozent (%), Datenstand 2009/2010, Darstellung nach RKI (2015: 150).

Deutlich erkennbar ist die Unzufriedenheit der Personen mit ≤ SES bei beiden Geschlechtern in allen Altersgruppen. Am unzufriedensten waren jedoch die über 65-

---

[10] Definierte Personengruppen wie u.a. Minderjährige, Empfänger von Sozialleistungen konnten sich von der Zuzahlung befreien lassen. Scham, Stolz oder Unwissenheit, können eine Inanspruchnahme jedoch unterbinden.

jährigen Frauen mit ≤ SES. Frauen mit ≥ SES bewerteten in allen Altersgruppen ihre Gesundheit schlechter als Männer aller Altersgruppen mit ≥ SES. Von Altersarmut Betroffene bemühen sich häufig, diese vor der Öffentlichkeit zu verbergen, um Ver-urteilungen und Ausgrenzungen vorzubeugen (Görl 2016; Richter-Kornweitz 2012a: 158). Durch geringfügige Beschäftigungen, Leergutsammlungen oder auch Diebstahl versuchen Bedürftige ihren Lebensunterhalt aufrechtzuerhalten bzw. zu verbessern und eine Tagesstruktur zu erhalten (Moser 2014: 60, 99; Utz 2017; Knecht in Stoll 2015). Dabei legen sie äußersten Wert auf ihr Erscheinungsbild (wollen nicht als „Bettler" empfunden werden) und haben Strategien, wie etwa die Abgabe der Flaschen an verschiedenen Märkten entwickelt, um nicht als bedürftig erkannt zu werden (Knecht in Stoll 2015; Moser 2014: 59, 102; Catterfeld; Knecht 2015: 171).

Eine Mehrheit der vorwiegend in Großstädten häufig zu beobachtenden Pfandflaschen-sammler sind ältere Männer in Früh- oder Altersrente, deren monatlichen Einkünfte nicht zum Leben ausreichen (Karkowsky 2015; vgl. Moser 2014). Es wird geschätzt, dass sich hierdurch 100 bis 150 Euro monatlich bei täglich mehrstündiger Suche erzielen lassen (Moser 2014: 61). Bedürftige Frauen wenden sich dagegen eher an die karikativen Tafeln, um sich mit dem Nötigsten einzudecken, wobei sie sich häufig verkleiden, um nicht erkannt zu werden (Görl 2016). Schubert (2015: 45) nennt folgende Bewältigungs-strategien von mit Altersarmut assoziierten Gefährdeten:

„Verdrängung des Problems, dem Sparen in der Lebensführung, dem Einzahlen in verschiedene Altersvorsorgeformen, Nachgehen eines Zweitjobs oder der Absicherung über Familien- oder Haushaltsmitglieder".

Betagte Menschen mit niedrigen Einkünften leiden besonders unter sozialstrukturellen Belastungen, welche sich aus den früheren Arbeitsbedingungen, der Wohnsituation und Umwelt ergeben (Mergenthaler 2012: 95). Geringe Renten verwehren den Betroffenen auch die Teilhabe an kulturellen Angeboten (Konzerte, Ausstellungen, Weiterbildungen, etc.), so Wittrahm (2017: 33). Dies betrachtet vor dem Hintergrund, dass gerade kulturelle Angebote adäquat sind, um altersbedingte Einbußen der Lebensqualität zu kompensieren (Baltes 1996: 48 ff.).

3.6 Isolation:

Senioren mit „kleinen" Renten leben häufig aufgrund der günstigeren Mieten am „facharztarmen" Stadtrand bzw. in Siedlungen und Bezirken mit unzureichender

Infrastruktur (kaum Anbindung an barrierefreien öffentlichen Verkehr), nicht altersgerecht ausgestatteten Altbauwohnungen, erhöhter Kriminalitätsrate und anonymer Nachbarschaft (Richter-Kornweitz 2012b: 135 ff.; Wittrahm 2017: 32; Nowodassek; Engstler 2017: 299 zit. in Wittrahm 2017: 32).

Neuerdings befasst sich eine bekannte deutsche Discounterkette mit sog. „gemischt nutzbaren Immobilien", um sozialverträglichen Wohnraum in zentralen Wohnlagen zu schaffen und zugleich neue Absatzmärkte zu erschließen (Aldi Nord 2018). Gewandelte Lebensformen der Generationen (s. Anhang I), gekennzeichnet von ausgeprägtem Individualismus, Feminismus, Liberalisierung und Mobilität, sind heutige gesellschaftliche Entwicklungen, die mit Atheismus, hohem Scheidungsstand, Singularität und niedrigen Geburtenraten ein Gegenstück zum Gesellschaftmodell darstellen, in welchem die heutigen Rentner aufgewachsen sind (vgl. Denz 1993 zit. in Wittrahm 2017: 30; Klie 2012: 126; Wittrahm 2017: 30 f.).

In Berlin und Hamburg lebt mit etwa 73 % eine große Mehrzahl aller über 65-Jährigen Frauen allein, in Bremen ca. 52 % (AfSBB 2017: 08 f.; SAfHuSH 2018: 37; SLaB 2008: 02). Durch den Wandel resultiert auch eine Abnahme karikativer Angebote, welche als bisherige Alternative zu kommerziellen Kulturangeboten besonders niedrige Rentenempfänger trifft (Wittrahm 2017: 33). Zwar sind krankheitsbedingte Einschränkungen zu Lasten der Mobilität sowie altersbedingter Verlust von Freunden und Partnern auch unter monetär besser Gestellten weit verbreitet, doch sind diese eher in der Lage sich ein Taxi zu leisten bzw. Hauspersonal zu beschäftigen, um Verluste zu kompensieren (Lampert; Kroll 2010: 05 f.; Wittrahm 2017: 33). In diesem Kontext trägt die finanzielle Situation, auch maßgeblich zum Aufrechterhalten von Freundschaften und Lebensqualität, etwa durch Besuche, und Aufmerksamkeiten bei (Wittrahm 2017: 33; vgl. Schobin 2013; Schönig 2017: 31).

Manche Autoren erkennen aus diesem Grund auch eine Motivation für Besuche der Tafeln (Molling; Selke 2012: 274). Schließlich lebte etwa 2014 schon jede dritte über 65-jährige Person allein, wobei dies insbesondere auf Frauen zutraf (s. Tabelle V auf der nächsten Seite, StaBu 2015: 05). Die nachfolgende Tabelle (V) veranschaulicht die Anteile Alleinstehender im Ruhestand nach Altersgruppen und Geschlecht im Jahr 2014.

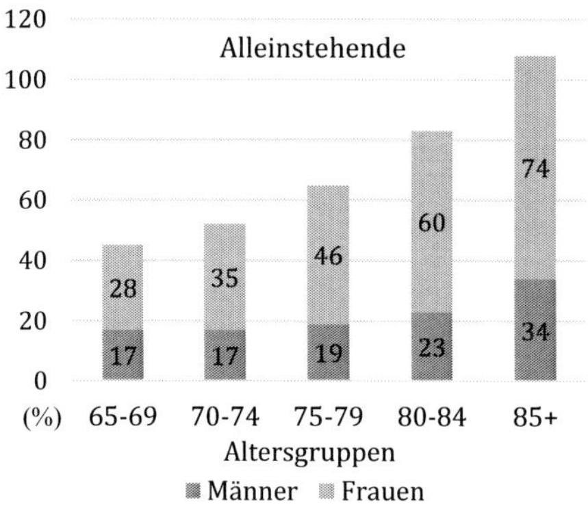

Tabelle V: Anteil Alleinstehender nach Altersgruppen und Geschlecht in Prozent (%), Datenstand 2014 (StaBu 2015: 07), eigene Darstellung.

Deutlich erkennbar ist, dass Frauen im Ruhestand in allen Altersgruppen proportional häufiger alleine lebten und somit in höherem Maß von Isolation betroffen sein können. Bei Männern verläuft die Zunahme altersbedingt weitaus mäßiger und erreicht erst bei den hochbetagten über 85-Jährigen den Zenit der weiblichen 70- bis 74-Jährigen. Mit 74 von Hundert lebte mehr als jede zweite über 85-Jährige zum Stand allein.

Die Gefahr einer Vereinsamung ist zudem bei Kinderlosen und jenen, deren Angehörigen weit entfernt leben, erhöht (Wittrahm 2017: 32; Mahne; Huxhold 2017: 223 f.). In England, wurde sich dieser brisanten Thematik an höchster Stelle angenommen und zum Jahreswechsel eigens eine Ministerialzuständigkeit eingerichtet (Zeit Online, 2018).

3.7 Messie-und Diogenes-Syndrom:

Ältere Menschen verlassen krankheits- oder strukturell bedingt (Altbauwohnung ohne oder defekten Aufzug) mit zunehmendem Alter seltener ihre Wohnung (Hundt; Held 2014: 10 f.; Neue Osnabrücker Zeitung 2010). Hierdurch besteht die Gefahr, dass eine drohende oder bestehende Verwahrlosung (Messie-Syndrom) oder Vermüllung (Diogenes-Syndrom) lange unentdeckt bleiben bzw. bei Bekanntwerden zum Wohnungsverlust führen können (Gräff et al. 2017: 01; (Gross 2002: 420; Barocka 2012: 50; Berliner Mieterverein o. J.). Das Risiko erhöht sich zudem drastisch in anonymer Nachbarschaft und bei mangelnden sozialen Kontakten (Gräff et al. 2017: 01).

Die Anzahl Betroffener wird in Deutschland auf 2 bis 4 Mio. geschätzt (Gross 2002: 419; Hubschmid 2016: 02). Von diesen psychischen Erkrankungen Betroffene essen oft ungenügend oder unausgewogen, was in Kombination mit mangelnder Bewegung zu Kontrakturen (Gelenkversteifung) führen und Adipositas sowie Diabetes begünstigen kann (Petersen 2018; Klietz; Eckhardt 2009; Lübbers 2016: 13 f.; RKI 2017: 83; RKI 2015: 62

f., 151).

Zumal sind sie wegen mangelnder Hygiene auch Schimmel und Parasitenbefall (Läuse und Wanzen) ausgesetzt (Gräff et al. 2017: 02; Klietz; Eckhardt 2009).

Durch die pathologische Ansammlung von Unrat wird die Fortbewegung innerhalb einer Wohnung derart erschwert, dass Räume nicht mehr zugänglich werden bzw. das erhöhte Sturzrisiko zu spät oder unentdeckt tödlich endet (Gräff et al. 2017: 01; Klietz; Eckhardt 2009).

3.8 Obdachlosigkeit:

Obdachlosigkeit bzw. Wohnungslosigkeit ist ein Phänomen, welches nahezu ausschließlich in Städten, insbesondere in Großstädten anzutreffen ist (Friedman 2017).

Zum Jahresende 2016 schätzte die Bundesarbeitsgemeinschaft Wohnungslosenhilfe e.V. (BAG W) die Anzahl Wohnungsloser in Deutschland auf 860.000 (BAG W 2017). Bei den obdachlosen Erwachsenen handelt es sich zu 73 % um Männer, etwa 70 % sind alleinstehend (BAG W 2017). Demnach ist Obdachlosigkeit in erster Linie ledig und männlich. Von jenen, welche 2015 die Dienste der bundesweiten Wohnungslosenhilfen in Anspruch nahmen (n = 33.256), waren 6 % über 60 Jahre alt. 6 % bezogen eine Rente und ca.70 % hatten maximal einen Hauptschulabschluss (BAG W 2016: 02 f.).

Diese Folgen resultieren zumeist aus den im zweiten Kapitel erwähnten Risikofaktoren (Bildung, Arbeitsmarkt/ Erwerbsbiographie). Mehr als jeder Zweite (60 %) war zum Zeitpunkt der Hilfe überschuldet, arbeitslos (88 %) und etwa jeder Achte (13 %) verlor hierdurch seine Wohnung, wobei dies nicht nach Alter differenziert wurde (BAG W 2016: 04 ff.) Schätzungsweise jeder Vierte war nicht krankenversichert, obwohl jeder zweite über 60-jährige Wohnungslose mehr als ein Jahrzehnt „auf der Straße“ gelebt hat (BAG W 2016: 08; Brem 2011: 254).

Die, wenn auch sehr dünne, Datenlage liefert Hinweise auf die Ausprägung der Vulnerabilität von wohnungslosen Menschen, auch im höheren Alter (Brem 2012: 08; Brem 2011: 255 f.). Neben einer vermutlichen Dunkelziffer (2008 waren laut Brem 12 % ohne Wohnung über 60 Jahre alt) ist zudem von einer erhöhten Multimorbidität auszugehen, deren gesundheitliche Behandlung mangels Krankenversichertenschutz, die Lebenserwartung Wohnungsloser wie auch Folgen von Sucht und äußerer Gewalt drastisch reduzieren dürfte (Brem 2011: 250 ff.; Trabert 2016: 108 f.; Schlechter 2016).

3.9 Suizid:

Die niedrigere Lebenserwartung von Armut Betroffener ist auch gekennzeichnet von einer höheren Mortalität eines nicht natürlichen Todes (Suizid), oft in Folge von Arbeitslosigkeit, psychischen Belastungen und vermeintlicher Perspektivlosigkeit, zu versterben (Kroll; Lampert 2012: 02; Stuckler et al. 2009: 315 ff.). Die Suizidrate steigt bei den Altersgruppen der 65- bis 80-Jährigen kontinuierlich (s. Tabelle VI), wobei aufgrund meist fehlender Erfassung des SES keine direkten Rückschlüsse hierauf zurückzuführen sind (StaBu 2017d: 08; Lampert; Kroll 2014: 01; Böhm; Tesch-Römer; Ziese 2009: 53; Wolfersdorf; Schneider; Schmidtke 2015: 1123).

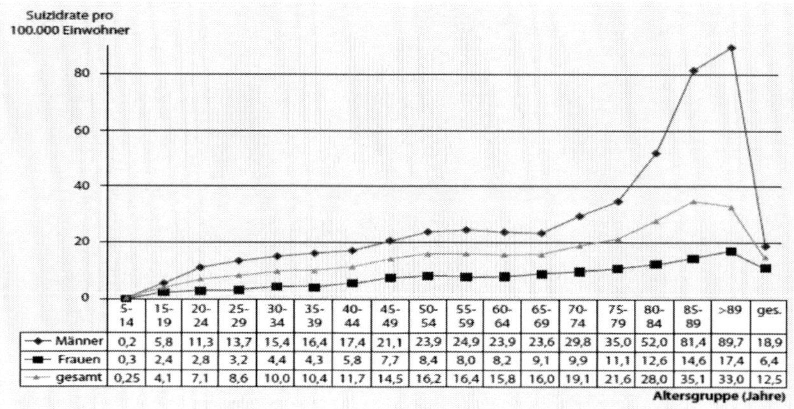

	5-14	15-19	20-24	25-29	30-34	35-39	40-44	45-49	50-54	55-59	60-64	65-69	70-74	75-79	80-84	85-89	>89	ges.
Männer	0,2	5,8	11,3	13,7	15,4	16,4	17,4	21,1	23,9	24,9	23,9	23,6	29,8	35,0	52,0	81,4	89,7	18,9
Frauen	0,3	2,4	2,8	3,2	4,4	4,3	5,8	7,7	8,4	8,0	8,2	9,1	9,9	11,1	12,6	14,6	17,4	6,4
gesamt	0,25	4,1	7,1	8,6	10,0	10,4	11,7	14,5	16,2	16,4	15,8	16,0	19,1	21,6	28,0	35,1	33,0	12,5

Tabelle VI: Suizidraten nach Altersgruppen und Geschlecht je 100.000 Einwohner in absoluten Zahlen, Datenstand 2013, Daten und Darstellung nach Wolfersdorf; Schneider; Schmidtke 2015: 1126).

Allerdings ist eine erhöhte Prävalenz von Depressionen und Multimorbidität bei älteren Menschen mit $\leq$ SES bekannt, was, wenn auch nicht allein als todesursächlich bezifferbar, dennoch bei 40 bis 60 % aller Suizide ausschlaggebend vermutet wird (Böhm; Tesch-Römer; Ziese 2009: 52; Söllner et al. 2017: 716).

In Deutschland nahmen sich bei einer vermutlichen Dunkelziffer 3.780 der über 65-Jährigen im Jahr 2015 ihr Leben, hiervon deutlich mehr Männer (72 %) als Frauen (28 %) (GBE-Bund 2018c). In den Stadtstaaten spiegelte sich die hohe Prävalenz unter Männern dieser Altersgruppe mit 63 % bzw. 77 % in Berlin und Bremen sowie 66 % in Hamburg ab (GBE-Bund 2018c).

Gerade ältere Männer, die allein leben und keine Angehörigen haben, neigen eher zur Vollstreckung suizidaler Gedanken als Frauen, die durch eine regere Pflege ihrer sozialen Kontakte Einsamkeit eher zu überwinden vermögen (Söllner et al. 2017: 715; Wolfersdorf; Schneider; Schmidtke 2015: 1123).

F a z i t :

Armut ist nicht gleich Armut, sondern kann typisiert werden. In der Bundesrepublik ist eine tendenzielle Zunahme der relativen Armut zu verzeichnen, wobei gerade die Altersarmut im internationalen Vergleich noch eher mittelmäßig ausgeprägt scheint. Vor dem Hintergrund der steigenden durchschnittlichen Lebenserwartung, welche teils von beeinflussbaren und teils von nicht beeinflussbaren Faktoren abhängt, gerät die Altersarmut verstärkt an wahrgenommener Bedeutung (Schmidt-Semisch; Paul 2010: 07). Risiken für Altersarmut treten in mannigfaltiger Form auf und können nicht immer vermieden werden, sondern verlangen teils eine adäquate Umgangsweise, um diese zumindest unter Kontrolle zu halten bzw. zu minimieren. Wie Kistler und Trischler (2014: 17) erläuterten, genügt unabhängig von Bildungstand und Geschlecht eine einzige kritische Phase, um in eine Armutsspirale zu geraten. Frauen haben überdies, wie sich auch in den Zahlen der Empfängerinnen von Grundsicherung im Alter widerspiegelt, sowohl in den Stadtstaaten wie auch auf Bundesebene durch finanzielle und strukturelle Benachteiligung am Arbeitsmarkt bei gleichzeitig höherer biologischer Lebenserwartung ein höheres Armutsgefährdungspotential.

Die in dieser Arbeit untersuchten betagten Bewohner deutscher Großstädte fielen bei Betrachtung derselben Risikofaktoren durch überproportionale Multimorbidität einer durchschnittlich geringeren Lebenserwartung und zu meist schwächeren gesundheitlichen Resilienz auf. Insofern wirken sich niedrige Einkünfte von Rentnerinnen und Rentnern in den untersuchten Großstädten Berlin, Bremen und Hamburg eindeutig zum Nachteil für die Gesundheit ihrer betagten und sozioökonomisch schwachen Bewohner aus. Die private Altersvorsorge ist eine mögliche anzuratende Lösung, wenn nicht Notwendigkeit für vulnerable Bevölkerungsgruppen, um drohender Altersarmut zu begegnen, wobei deren allgemeine Verbreitung innerhalb der Bevölkerung als unzureichend angesehen werden kann. Die vorgestellten gesundheitswissenschaftlichen erklärenden Ansätze zur Ursachenanalyse gesundheitlicher Folgen von (Alters-)Armut stammen aus der Forschung zu gesundheitlicher und sozialer Ungleichheit, dessen Forschungsstand zumeist auf US-amerikanische Erkenntnisse gestützt wird. Hieran gilt es für die deutsche Public Health Forschung anzuknüpfen und eigene Modelle zu konzipieren bzw. bestehende weiterzuentwickeln, insbesondere um die Faktoren Alter und SES.

Schließlich lässt sich die epidemiologische Datenlage zu dieser Thematik derzeit als unzureichend feststellen. Begründen lässt sich dies mit der mangelnden Heterogenität, der Spezifität sowie auch der Aktualität der Daten.

Die gesundheitliche Lage der Bevölkerung im höheren Lebensalter findet eher selten Erwähnung und noch seltener im Kontext von Gesundheit unter sozioökonomischen Aspekten. Zumal handelt es sich überwiegend um deskriptive Daten der gesundheitlichen Lage auf Bundesebene, wogegen auf kommunaler Ebene zumeist keine Daten verfügbar oder diese unspezifisch oder stark veraltet sind. In Mortalitätsstatistiken wird der Indikator des SES zudem in Deutschland bis dato nicht erfasst. Diese Faktoren erschweren die Beschreibung und Analyse der aktuellen gesundheitlichen Lage sowie auch einen Vergleich nachhaltig. Durch dieses fehlende Wissen bei steigendem Bedarf vor dem Hintergrund wachsender Städte und dem demographischen Wandel ergibt sich somit eine Vielzahl von greifbaren Public Health Ansatzpunkten im Bereich der Gesundheitsförderung und Prävention. Diese Arbeit kann somit einen Impuls auslösen, indem sie ernstzunehmende Hinweise und Erkenntnisse darlegt, welche den Handlungsbedarf verdeutlichen.

Literaturverzeichnis:

AfSBB – Amt für Statistik Berlin-Brandenburg (2015): Statistischer Bericht K I 4 – j / 14.Grundsicherung im Alter und bei Erwerbsminderung im Land Berlin 2014. Abrufbar unter: https://www.statistik-berlin-brandenburg.de/publikationen/stat_berichte/2015/SB_K01-04-00_2014j01_BE.pdf [Zugriff am: 20.05. 2018].

AfSBB – Amt für Statistik Berlin-Brandenburg (2017): Statistischer Bericht A I 11 – j / 16. Ergebnisse des Mikrozensus im Land Berlin 2016. Haushalte, Familien und Lebensformen. Abrufbar unter: https://www.statistik-berlin-brandenburg.de/publikationen/stat_berichte/2017/SB_A01-11002016 j01BE.pdf [Zugriff am: 18.05.2018].

Aldi Nord (2018): Auf Aldi kann man bauen: Discounter startet Immobilienprojekt im Raum Berlin. Abrufbar unter: https://www.aldi-nord.de/unternehmen/presse/ALDI-startet-Immobilienprojekt-im-Raum-Berlin.html [Zugriff am: 10.04.2018].

BA-Bundesagentur für Arbeit (2017a): Kurzinfo Jahr 2017. Langzeitarbeitslosigkeit auf einen Blick. In: Bundesagentur für Arbeit – Statistik. Flyer. Abrufbar unter: https://statistik.arbeitsagentur.de/ Statischer-Content/Statistik-nach-Themen/Langzeitarbeitslosigkeit/Flyer-LZA.pdf [Zugriff am: 14.04 .2018].

BA-Bundesagentur für Arbeit (2017b): Entwicklung der Arbeitslosigkeit nach soziodemografischen Merkmalen – Insgesamt. In: Neuerscheinung am 18. Dezember 2018. Tabellen zur Langzeitarbeitslosigkeit. Abrufbar unter: https://statistik.arbeitsagentur.de/nn_361200/SiteGlobals/Forms/Suche/serviceSuche Form.html?allOfTheseWords=Langzeitarbeitslosigkeit;pageLocale=de;view=processForm [Zugriff am:14.04.2018].

BA-Bundesagentur für Arbeit (2017c): Langzeitarbeitslosigkeit und Langzeitleistungsbezug auf einen Blick. In: Neuerscheinung am 18. Dezember 2018. Tabellen zur Langzeitarbeitslosigkeit. Abrufbar unter: https://statistik.arbeitsagentur.de/nn361200/SiteGlobals/Forms/Suche/serviceSucheForm. html? allOfTheseWords=Langzeitarbeitslosigkeit;pageLocale=de;view=processForm [Zugriff am: 14.04. 2018].

Bäcker, Gerhard (2014): Niedrigrenten, Arbeitsmarkt und Rentenversicherung – Erfordernis einer integrierten Ursachenanalyse und Reformstrategie. In: Kistler, Ernst/Trischler, Falko (Hrsg.). Reformen auf dem Arbeitsmarkt und in der Alterssicherung. Folgen für die Einkunftslage im Alter. Reihe 196 – Arbeit und Soziales. Düsseldorf, Edition Hans-Böckler-Stiftung, S. 23-60.

BAG W - Bundesarbeitsgemeinschaft Wohnungslosenhilfe e.V. (2016): Statistikbericht 2015 (Tabellen). Abrufbar unter: http://bagw.de/de/themen/statistik_und_dokumentation/statistikberichte/index.html [Zugriff am: 07.05.2018].

BAG W - Bundesarbeitsgemeinschaft Wohnungslosenhilfe e.V. (2017): Zahl der Wohnungslosen. 860.000 Menschen in 2016 ohne Wohnung. Prognose:1,2 Millionen Wohnungslose bis 2018. Abrufbar unter:http://www.bagw.de/de/themen/zahl_der_wohnungslosen/index.html [Zugriff am: 07.05.2018].

Baltes, Paul B. (1996): Über die Zukunft des Alterns. Hoffnung mit Trauerflor. In: Baltes Margret/ Montada, Leo (Hrsg.): Produktives Leben im Alter. Schriftenreihe Band 3. Frankfurt/New York, Campus, S.29-68.

Barocka, Arnd (2012): Das Messie-Syndrom. Eine Organisationsdefizit-Störung - Im Müll allein gelassen. In: *MMW- Fortschritte der Medizin*, Jg. 154, H. 21, S.50-54.

Bauer, Ullrich (2005): Das Präventionsdilemma. Potenziale schulischer Kompetenz-förderung im Spiegel sozialer Polarisierung. Wiesbaden, VS Verlag. In: Lampert, Thomas/Kroll, Lars Eric (2010): Armut und Gesundheit. In: Robert Koch-Institut (Hrsg.): *GBE Kompakt* (5/2010). S. 05. Abrufbar unter: http://www.rki.de/DE/Content/Gesundheitsmonitoring/Gesundheitsberichterstattung/GBEDownload sK/2010_5_Armut.pdf?__blob=publicationFile [Zugriff am: 30.03.2018].

Berliner Mieterverein (o. J.): Mietrecht. Urteile und Beiträge – Messie. Abrufbar unter: https://www.berinermieterverein.de/recht/mieturteile/12023aghamburgharburg36310.htm#urteil [Zugriff am: 07.05.2018].

Bernardes, Sónia F./Costa, Margarida/Carvalho, Helena (2013): Engendering Pain Management Practices: The Role of Physician Sex on Chronic Low-Back Pain Assess-ment and Treatment Prescriptions. In: *The Journal of Pain,* Vol. 14,_ I. 9, p. 931-940.

Best, Norman/Boeckh, Jürgen/Huster, Ernst-Ulrich (2018): Armutsforschung: Entwick- lungen, Ansätze und Erkenntnisgewinne. In: Boeckh, Jürgen/Huster, Ernst-Ulrich/ Mogge-Grotjahn, Hildegard (Hrsg.). Handbuch Armut und soziale Ausgrenzung. 3., aktualisierte und erweiterte Auflage. Wiesbaden, Springer VS, S. 27-57.

BMAS - Bundesministerium für Arbeit und Soziales (2012): Ergänzender Bericht der Bundesregierung zum Rentenversicherungsbericht 2012 gemäß §154 Abs. 2 SGB VI (Alterssicherungsbericht 2012). Abrufbar unter: http://www.bmas.de/SharedDocs/Downloads/DE/PDF-Gesetze/ alterssicherungsbericht-2012.pdf?__blob=publicationFile;v=2 [Zugriff am: 10.04.2018].

BMAS - Bundesministerium für Arbeit und Soziales (2016): Ergänzender Bericht der Bundesregier-ung zum Rentenversicherungsbericht 2016 gemäß § 154 Abs. 2 SGBVI (Alterssicherungsbericht 2016). Tabelle C.4.1 – Alterssicherungsleistungen und zusätzliche Einkommen nach verschiedenen Merkmalen. Abrufbar unter: https://www.bmas.de/SharedDocs/Downloads/DE/PDF-Pressemitteilungen/2016/ alterssicherungsbericht-2016.pdf?__blob=publicationFile&v=3 [Zugriff am: 10.04.2018].

BMAS - Bundesministerium für Arbeit und Soziales (2017a): Bericht der Bundesregierung über die gesetzliche Rentenversicherung, insbesondere über die Entwicklung der Einnahmen und Ausgaben, der Nachhaltigkeitsrücklage sowie des jeweils erforderlichen Beitragssatzes in den künftigen 15 Kalender-jahren gemäß § 154 Abs. 1 und 3 SGB VI (Rentenversicherungsbericht 2017). Abrufbar unter: http://www.bmas.de/SharedDocs/Downloads/DE/PDFPressemitteilungen/2017/rentenv ersicherungsbericht-2017.pdf?__blob=publicationFile;v=2 [Zugriff am: 10.04.2018].

BMAS - Bundesministerium für Arbeit und Soziales (2017b): Gesetzliche Rentenversicherung. Abschlags-freie ,,Rente ab 63''.Abrufbar unter: http://www.bmas.de/DE/Themen/Rente/Gesetzliche-Renten ver-sicherung/rente-ab-63-art.html [Zugriff am: 10.04.2018].

BMAS - Bundesministerium für Arbeit und Soziales (2018): Anlage zu § 28 des Zwölften Buches Sozial-gesetzbuch (SGB XII). Abrufbar unter: http://www.bmas.de/SharedDocs/Downloads/DE/regelsaetze lebenshaltung.pdf?__blob=publicationFile;v=6 [Zugriff am: 12.04.2018].

Böger, Rainer H./Schmidt, Gerhard (2017): Analgetika. In: Schwabe,Ulrich/Paffrath, Dieter/Ludwig Wolf-Dieter/Klauber, Jürgen (Hrsg.): Arzneiverordnungs-Report 2017. Berlin, Springer Verlag, S.237-249.

Böhm, Karin/Tesch-Römer, Clemens/Ziese, Thomas (2009): Gesundheit und Krankheit im Alter. Beiträge zur Gesundheitsberichterstattung des Bundes. Abrufbar unter: https://www.rki.de/DE/Content/ Gesundheitsmonitoring/Gesundheitsberichterstattung/GBEDownloadsB/alter_ gesundheit.pdf?__blob=publicationFile [Zugriff am: 08.04. 2018].

Borchert, Lars (2008): Soziale Ungleichheit und Gesundheitsrisiken älterer Menschen. Eine empirische Längsschnittanalyse unter Berücksichtigung von Morbidität, Pflegebedürftigkeit und Mortalität. Augsburg, Maro Verlag.

Bosbach, Gerd/Korff, Jens Jürgen (2012): Altersarmut in einem reichen Land. Zur Logik eines schein-baren Widerspruchs. In: Butterwegge, Christoph/Bosbach, Gerd/Birkwald, Matthias W. (Hrsg.): Armut im Alter. Probleme und Perspektiven der sozialen Sicherung. Frankfurt/NewYork, Campus, S.175-188.

Braun, Barbara/Sara Specht/Rebecca Thaller/Künzel, Jutta (2017): Deutsche Suchthilfestatistik 2016. Alle

Bundesländer. Tabellenband für ambulante Beratungsstellen. Bezugsgruppe: Zugänge/Beender ohne Einmalkontakte. Abrufbar unter: https://www.ift.de/download.html [Zugriff am: 17.04. 2018].

Brem, Detlef (2011): Alt und wohnungslos in industrialisierten Ländern. Eine international vergleichende Untersuchung über Lebenslagen älterer wohnungsloser Menschen, Teil 1. In: *Sozialer Fortschritt,* Jg. 60, H. 11, S.249-256.

Brem, Detlef (2012): Alt und wohnungslos in industrialisierten Ländern. Eine international vergleichende Untersuchung über Lebenslagen älterer wohnungsloser Menschen, Teil 2. In: *Sozialer Fortschritt,* Jg. 61, H. 1, S.07-11.

Bude, Heinz (2015): Der Solidaritätsbedarf wird unterschätzt. Interview in: Kotte, Hans-Hermann (2015): Interview mit Prof. Heinz Bude, Inhaber des Lehrstuhls für Makrosoziologie an der Universität Kassel. In: *bpb Magazin: Soziale Ungleichheit* Jg. 7, H. 03. Bonn, Möller Verlag, S. 33-35.

Bundesinstitut für Bevölkerungsforschung (2017): Zunehmende Belastung der Beitragszahler in der gesetzlichen Rentenversicherung: Verhältnis von Beitragszahlern zu Altersrentnern in der gesetzlichen Rentenversicherung, 1962-2015.Abrufbar unter: https://www.demografie-portal.de/Shared Docs/Informieren/DE/ZahlenFakten/BeitragszahlerAltersrentner.html [Zugriff am: 30.04. 2018].

Bundesverband Deutsche Tafel e.V. (2016): Jahresbericht 2016. Abrufbar unter: https://www.tafel.de/ fileadmin/media/Publikationen/Jahresberichte/PDF/Tafel_JB16_PDF_Online.pdf [Zugriff am: 05. 03.2018].

Butterwegge, Carolin/Hansen, Dirk (2012): Altersarmut ist überwiegend weiblich. Frauen als Hauptleidtragende des Sozialabbaus. In: Butterwegge, Christoph/Bosbach, Gerd/Birkwald, Matthias W. (Hrsg.): Armut im Alter. Probleme und Perspektiven der sozialen Sicherung. Frankfurt/ New-York, Campus, S.111-129.

Butterwegge, Christoph (2012): Die Entwicklung des Sozialstaates, Reformen der Alterssicherung und die (Re-) Seniorisierung der Armut. In: Butterwegge, Christoph/ Bosbach, Gerd/Birkwald, Matthias W. (Hrsg.): Armut im Alter. Probleme und Perspektiven der sozialen Sicherung. Frankfurt/ New-York, Campus, S. 13-41.

Butterwegge, Christoph (2013): (Alters-) Armut und Gesundheit im reichen Deutschland. Wer Armut wirksam bekämpfen will, muss soziale Ungleichheit beseitigen. In: *Pflegezeitschrift,* Jg.66, H. 12, S. 708-711.

Butterwegge, Christoph (2015): In: Hans-Böckler-Stiftung (Hrsg.): Verteilung. Was Armut bedeutet. Böckler Impuls 02/2016. Abrufbar unter: https://www.boeckler.de/Impuls_2016_02_6-7.pdf [Zugriff am: 12.03.2018].

Catterfeld, Philipp/Knecht, Alban (2015): Pfand, Konsum und Armut. Warum Flaschen- sammeln? In: Catterfeld, Philipp/Knecht, Alban (Hrsg.): Flaschensammeln. Überleben in der Stadt. Konstanz/ München, UVK Verlagsgesellschaft.

Der Stern (2005): Zwei-Klassen-Medizin. Hamburg, Gruner und Jahr, S.51.

DGE – Deutsche Gesellschaft für Ernährung e.V. (2017): So dick war Deutschland noch nie. Ergebnisse des 13. DGE-Ernährungsberichts zur Übergewichtsentwicklung. In: DGE aktuell 03/2017. Presseinformation vom 01.02.2017. Abrufbar unter: https://www.dge.de/presse/pm/so-dick-war-deutschland-noch-nie/ [Zugriff am: 10.04.2018].

DKFZ – Deutsches Krebsforschungszentrum (2015): Tabakatlas Deutschland 2015.Abrufbar unter: https://www.dkfz.de/de/tabakkontrolle/download/Publikationen/sonstVeroeffentlichungen/ Tabakatlas 2015-final-web-dp-small.pdf [Zugriff am: 20.05.2018].

Dowd, James/Bengston, Vern L. (1978): Aging in minority populations. An examination of the Double

Jeopardy Hypothesis. In: *Journal of Gerontology*, Vol. 33, I. 03, p. 427-436.

Drasch, Katrin (2011): Zwischen familiärer Prägung und institutioneller Steuerung. Familienbedingte Erwerbsunterbrechungen von Frauen in Ost-und Westdeutschland und der DDR. In: Berger, Peter Anton/Hank, Karsten/Tölke, Angelika (Hrsg.): Reproduktion von Ungleichheit durch Arbeit und Familie.Wiesbaden, Springer Verlag, S.171-200.

DRVB - Deutsche Rentenversicherung Bund (2017): Unsere Sozialversicherung. Wissenswertes speziell für junge Leute. 45., überarbeitete Auflage (06/2017). Abrufbar unter: http://www.deutsche-renten-versicherung.de/Allgemein/de/Inhalt/5_Services/03_broschueren_und_mehr/01_broschueren/01_national/unsere_sozialversicherung.pdf?__blob=publicationFile;v=31 [Zugriff am: 31.03.2018].

DRV - Deutsche Rentenversicherung (2018): Die Grundsicherung. Hilfe für Rentner. 12. Auflage (01/2018).Abrufbar unter: https://www.deutsche-rentenversicherung.de/cae/servlet/contentblob/232620/publicationFile/54129/grundsicherung_hilfe_fuer_rentner.pdf [Zugriff am: 11.03.2018].

Dyckmans, Mechthild - Die Drogenbeauftragte der Bundesregierung (2012): Nationale Strategie zur Drogen-und Suchtpolitik. Abrufbar unter: https://www.drogenbeauftragte.de/fileadmin/dateiendba/Drogenbeauftragte/2_Themen/1_Drogenpolitik/Nationale_Strategie_Druckfassung-Dt.pdf [Zugriff am: 09.04.2018].

Ernst; Young (2017): Deutsche blicken optimistisch ins neue Jahr – aber Sorge vor Altersarmut nimmt zu. Abrufbar unter: http://www.ey.com/de/de/newsroom/news-releases/ey-20180104-verbraucher-in-deutschland-aktuelle-wirtschaftliche-lage-und-ausblick-2018 [Zugriff am: 13.03.2018].

Fahimi, Yasmin (2017): Zielgenaue Prävention von Altersarmut – aktuelle Maßnahmen des BMAS. In: Buttner, Peter (Hrsg.): Strategien gegen Altersarmut. *Archiv für Wissenschaft und Praxis der sozialen Arbeit* -Vierteljahresschrift zur Förderung von Sozial-, Jugend-und Gesundheitshilfe, Jg. 48, I. 02, S.52-57.

Friedman, David (2017): *Schätzungen der Kommunen.* Immer mehr Obdachlose in den Großstädten. Abrufbar unter: https://www.br.de/nachrichten/sorge-um-immer-mehr-obdachlose-in-grossstaedten-100.html [Zugriff am: 22.04.2018].

G-BA - Gemeinsamer Bundesausschuss (2017): Chroniker-Richtlinie Stand: 17. November 2017. In: Richtlinie des Gemeinsamen Bundesausschusses zur Umsetzung der Regelungen in § 62 für schwerwiegend chronisch Erkrankte „Chroniker-Richtlinie' in der Fassung vom 22. Januar 2004 In: *Bundesanzeiger* 2004 (18) (S. 1343) zuletzt geändert am 17. November 2017 veröffentlicht im Bundesanzeiger AT 05.03. 2018 B4 in Kraft getreten am 6. März 2018. Abrufbar unter: https://www.g-ba.de/downloads/62-492-1530/RL-Chroniker_2017-11- 17.pdf_[Zugriff am 10.04.2018].

GBE-Bund – Gesundheitsberichterstattung des Bundes (2018a): Verhältnis des Körpergewichts zur Körpergröße (Body-Mass-Index) (Anteil der Befragten in Prozent). Gliederungsmerkmale: Jahre, Region, Alter, Geschlecht, Bildung. Abrufbar unter: http://www.gbe-bund.de/oowa921-install/servlet/oowa/aw92/dboowasys921.xwdevkit/xwd_init?gbe.isgbetol/xs_start_neu/&p_aid= i &p_aid=19323822&nummer=768&p_sprache=D&p_indsp=-&p_aid=95489135 [Zugriff am: 20.05.2018].

GBE-Bund – Gesundheitsberichterstattung des Bundes (2018b): Sterbefälle (absolut, Sterbeziffer, Ränge, Anteile) für die 10/20/50/100 häufigsten Todesursachen (ab 1998). Gliederungsmerkmale: Jahre, Region, Alter, Geschlecht, ICD-10. Abrufbar unter: http://www.gbe-bund.de/oowa921-install/servlet/oowa/ aw92/WS0100/_XWD_FORMPROC?TARGET=&PAGE=_XWD_6 & OPINDEX=1&HANDLER=_XWD_CUBE.SETPGS&DATACUBE=_XWD_34&D.001= 1000001 &D.002=35&D.003=1000004&D.022=9991&D.007=9215 [Zugriff am: 20.05.2018].

GBE-Bund – Gesundheitsberichterstattung des Bundes (2018c): Sterbefälle, Sterbeziffern (je 100.000 Einwohner, altersstandardisiert) (ab 1998). Gliederungsmerkmale: Jahre, Region, Alter, Geschlecht,

Nationalität, ICD-10, Art der Standardisierung. Abrufbar unter: http://www.gbe-bund.de/oowa921-install/servlet/oowa/aw92/dboowasys921.xwdevkit/xwd_init?gbe.isgbetol/xs_start_neu/&p_aid=i&p_aid=98300704&nummer=6&p_sprache=D&p_indsp=997&p_aid=30734516 [Zugriff am: 20.05.2018].

Gerlach, Ferdinand M./Beyer, Martin/Muth, Christiane/Saal, Kristina/Gensichen, Jochen (2006): Neue Perspektiven in der allgemeinmedizinischen Versorgung chronisch Kranker – Wider die Dominanz des Dringlichen. Teil 1: Chronische Erkrankungen als Herausforderung für die hausärztliche Versorgungspraxis. In: *Zeitschrift für ärztliche Fortbildung und Qualität im Gesundheitswesen,* Jg. 100, I. 5, S.335–343.

Gerlinger, Thomas/Röber, Michaela (2014): Die Pflegeversicherung – Überblick. In: Bundeszentrale für politische Bildung: Dossier. Gesundheitspolitik. Abrufbar unter: http://www.bpb.de/politik/innenpolitik/ gesundheitspolitik/72795/die-pflege-versicherung-ueberblick [Zugriff am: 20.03.2018].

Geyer, Siegfried (2008): Social inequalities in the incidence and case fatality of cancers of the lung, the stomach, the bowels, and the breast. In: *Cancer Causes Control,* Vol. 19, I. 09, p. 965-974.

Gigerenzer, Gerd/Fauser, Michael/Jenny, Mirjam (2018): ERGO Risiko-Report 2018. Über die Risikokompetenz und Eigenverantwortung der Deutschen. Abrufbar unter: https://www.risikoreport.de/assets/ files/ergo-risiko-report.pdf [Zugriff am: 02.05.2018].

Glaeske, Gerd (2014): Die Tablette ist wie ein Freund. Medikamentenabhängigkeit im Alter. In: *Informamationsdienst Altersfragen* Jg. 41, H. 05, S.10-17.

Görres, Stefan/Spieker, Gabriel (2017): Medizinische Versorgung. Genau hinschauen. In: *Altenpflege,* Jg. 42, H. 09, S. 26-27.

Görl, Wolfgang (2016): Armut. Für Arme ist München eine geschlossene Gesellschaft. In: Süddeutsche Zeitung. Abrufbar unter: http://www.sueddeutsche.de/muenchen/armut-muenchens-arme-schaemen-sich-fuer-ihre-armut-1.3267181 [Zugriff am: 16.03.2018].

Gräff, Ingo/Dolscheid-Pommerich, Ramona C./Ghamari,Shahab/ Baehner, Torsten/ Goost, Hans (2017): Verwahrlost, einsam und krank – der soziale Breakdown. Eine spezielle Patientengruppe in der zentralen Notaufnahme. In: *Medizinische Klinik, Intensivmedizin und Notfallmedizin.* Abrufbar unter: https://www.springermedizin.de/verwahrlost-einsam-und-krank-der-soziale-breakdown/12342112 [Zugriff am: 23.05.2018].

Gross, Werner (2002): Messie-Syndrom. Löcher in der Seele stopfen. In: *Deutsches Ärzteblatt,* Jg. 99, H.09, S.419-420.

Handelsblatt (2017): Demografie in Deutschland. Zwischen Landflucht und Mietpreishorror. Abrufbar unter:http://www.handelsblatt.com/panorama/reise-leben/demografie-in-deutschland-zwischen landflucht-und-mietpreishorror/19247680-all.html [Zugriff am: 14.05.2018].

Hapke, Ulfert/von der Lippe, Elena/Gärtner, Beate (2013): Riskanter Alkoholkonsum und Rauschtrinken unter Berücksichtigung von Verletzungen und der Inanspruchnahme alkoholspezifischer medizinischer Beratung. Ergebnisse der Studie zur Gesundheit Erwachsener in Deutschland (DEGS1). In: *Bundesgesundheitsblatt* 5-6, S.809-813.

Heindl, Ines (2007): Ernährung, Gesundheit und soziale Ungleichheit. In: *APuZ - Aus Politik und Zeitgeschichte,* H. 42, S. 32-38.

Heinzel-Gutenbrunner, Monika (2001): Einkommen, Einkommensarmut und Gesundheit. In: Mielck, Andreas/Bloomfield, Kim (Hrsg.): Sozialepidemiologie. Eine Einführung in die Grundlagen, Ergebnisse und Umsetzungsmöglichkeiten. Weinheim/ München, Juventa Verlag, S.39-49.

Heseker, Helmut (2017): So dick war Deutschland noch nie. Ergebnisse des 13. DGE- Ernährungsberichts zur Übergewichtsentwicklung. In: DGE aktuell 03/2017 Presseinformation vom 01.02.2017. Abrufbar unter: https://www.dge.de/presse/pm/so-dick war-deutschland-noch-nie/ [Zugriff am: 10. 04.2018].

Hirsh, Adam T./Holligshead, Nicole A./Matthias, Marianne S./Bair, Matthew J./ Kroenke, Kurt (2014): The Influence of Patient Sex, Provider Sex, and Sexist Attitudes on Pain Treatment Decisions. In: *The Journal of Pain*, Vol. 15, I. 5, p.551-559.

Hübner, Inga-Marie (2017): Subjektive Gesundheit und Wohlbefinden im Übergang in den Ruhestand. Eine Studie über den Einfluss und die Bedeutsamkeit des subjektiven Alterns und der sozialen Beziehungen. Wiesbaden, Springer Verlag.

Hubschmid, Maris (2016): Leben als Messie. Der Herr der Dinge. In: Der Tagesspiegel. Abrufbar unter: https://www.tagesspiegel.de/themen/reportage/leben-als-messie-1-8-millionen-menschen-in-deutschland-sind-messies/13561986-2.html [Zugriff am: 01.04. 2018].

Huisman, Martijn (2008): Gesundheitliche Ungleichheit im hohen Lebensalter. In: Bauer, Ullrich/ Bittling-meyer, Uwe H./Richter, Matthias (Hrsg.): Health Inequalities. Determinanten und Perspektiven gesundheitlicher Ungleichheit. Wiesbaden, VS Verlag, S.359-381.

Hundt, Oliver H./Held, Michael (2014): Aufzugsarmut. Wie altersgerecht sind Deutschlands Wohnhäuser? Abrufbar unter: http://www.hundt-consult.de/downloads/pdf/aufzugsstudie.pdf [Zugriff am: 01.04. 2018].

Institut für Vorsorge und Finanzplanung (2017): Riester-Rating 2017. Abrufbar unter: https://www.ivfp.de/ wp-content/uploads/2017/10/Riesterrenten-Rating2017.pdf [Zugriff am: 16.04. 2018].

Kain, Florian (2009): Kanzlerkandidat stellt Deutschland-Plan vor. In: Hamburger Abendblatt. Abrufbar unter:https://www.abendblatt.de/politik/deutschland/article107539850/Steinmeier-verspricht Vollbeschaeftigung-bis-2020.html [Zugriff am: 14.04.2018].

Karger, André/Lindtner-Rudolph, Heide/Mroczynski, Robert/Ziem, Alexander/Joksi-movic, Ljiljana (2017): Wie fremd ist mir der Patient? Erfahrungen, Einstellungen und Erwartungen von Ärztinnen und Ärzten bei der Versorgung von Patientinnen und Patienten mit Migrationshintergrund. In: *Zeitschrift für Psychosomatische Medizin und Psychotherapie,* Jg. 63, H. 03, S. 280-296.

Karkowsky, Stephan (2015): Flaschensammler. Männlich, einsam, über 65. In: Deutschlandfunk Kultur. Abrufbar unter: www.deutschlandfunkkultur.de/flaschensammler-maennlich-einsam-ueber 65.2156.de 56html? dram%3Aarticle_id=321391 [Zugriff am: 08.04.2018].

Kistler, Ernst/Trischler, Falko (2014): Eines ist sicher – Die Altersarmut nimmt zu. In: Kistler, Ernst/ Trischler, Falko (Hrsg.). Reformen auf dem Arbeitsmarkt und in der Alterssicherung. Folgen für die Einkunftslage im Alter. Reihe 196 - Arbeit und Soziales. Düsseldorf, Edition Hans-Böckler-Stiftung, S.09-21.

Klammer, Ute (2017): Aktuelle und zukünftige Risikogruppen der Altersarmut und Konsequenzen für eine lebenslauforientierte Alterssicherungspolitik. In: Buttner, Peter (Hrsg.): Strategien gegen Alters-armut. *Archiv für Wissenschaft und Praxis der sozialen Arbeit* -Vierteljahresschrift zur Förderung von Sozial-, Jugend-und Gesundheitshilfe, Jg. 48, H.02, S.16-27.

Klie, Thomas (2012): Rahmenbedingungen quartiersbezogener Strategien für ein Leben im „pflege-bedürftigen Alter". In: Kümpers, Susanne/Heusinger, Josefine (Hrsg.): Autonomie trotz Armut und Pflegebedarf? Altern unter Bedingungen von Marginalisierung. Bern, Verlag Hans Huber, S. 123-134.

Klietz, Wolfgang/Eckhardt, Lisa-Marie (2009): Messie. 84-jährige starb in ihrem Müll – Behörden haben die Augen zugemacht. In: Hamburger Abendblatt. Abrufbar unter: https://www.abendblatt.de/region/ norderstedt/article107548785/Behoerden-haben-die-Augen-zugemacht.html [Zugriff am: 27.04.

2018].

Knecht, Alban (2015): Interview In: Stoll, Sebastian (2015): Armut. Warum so viele Flaschensammler für wenig Geld im Müll wühlen. In: Badische Zeitung. Abrufbar unter: http://www.badische-zeitung. de/wirtschaft-3/warum-flaschensammler-fuer-wenig-geld-im-muell-wuehlen--107638280.html [Zugriff am: 14.04.2018].

Knesebeck, Olaf von dem (2005): Soziale Einflüsse auf die Gesundheit alter Menschen. Eine deutsch-amerikanische Vergleichsstudie. In: Programmbereich Gesundheit. Studien zur Gesundheits-und Pflegewissenschaft. Bern, Verlag Hans Huber.

Knesebeck, Olaf von dem/Schäfer, Ingmar (2009): Gesundheitliche Ungleichheit im höheren Lebensalter. In: Richter, Matthias/Hurrelmann, Klaus (Hrsg.): Gesundheitliche Ungleichheit, Grundlagen, Probleme, Perspektiven. 2. Auflage. Wiesbaden, VS Verlag, S.253-265.

Knopf, Hildtraud/Grams, Daniel (2013): Arzneimittelanwendung von Erwachsenen in Deutschland Ergebnisse der Studie zur Gesundheit Erwachsener in Deutschland (DEG-S1). In: *Bundesgesundheitsblatt* 5-6, S.868-877. Abrufbar unter: http://www.gbe-bund.de/pdf/ DEGS1_Arzneimittelanwendung.pdf#SEARCH=%22Psychopharmaka%20bei%20Erwachsenen %22 [Zugriff am:08.04.2018].

Kohli, Martin (1990): Das Alter als Herausforderung für die Theorie sozialer Ungleichheit. In: Berger, Peter A./Hradil, Stefan (Hrsg.): Lebenslagen, Lebensläufe, Lebensstile. Soziale Welt Sonderband 7. Göttingen, Verlag Otto Schwartz, S.387-406.

Krobot, Karl J./Kaufman, Jay S./Christensen, Dale B./Preisser, John S./Miller, William C./Ibrahim, Michel A. (2005): Accessing a New Medication in Germany: A Novel Approach to Assess a Health Insurance-Related Barrier. In: *Annals of Epidemiology,* Vol. 15, I. 10, p.756-761.

Kroll, Lars Eric/Lampert, Thomas (2012): Arbeitslosigkeit, prekäre Beschäftigung und Gesundheit. In: Robert Koch-Institut (Hrsg.): *GBE Kompakt,* Jg. 03, H. 01. S.01-09. Abrufbar unter: http://www.rki.de/DE/Content/Gesundheitsmonitoring/Gesundheitsberichterstattung/ GBEDownloadsK/2012_1_Arbeitslosigkeit_Gesundheit.pdf?_blob=publicationFile [Zugriff am: 11.03.2018].

Lampert, Thomas/Kroll, Lars Eric (2010): Armut und Gesundheit. In: Robert Koch-Institut (Hrsg.): *GBE Kompakt,* Jg. 01, H. 05, S.01-10. Abrufbar unter: http://www.rki.de/DE/Content/Gesundheits-monitoring/Gesundheitsberichterstattung/GBEDownloadsK/2010_5_Armut.pdf?__blob= publicationFile [Zugriff am: 30.03.2018].

Lampert, Thomas/Kroll, Lars Eric (2014): Soziale Unterschiede in der Mortalität und Lebenserwartung. In: Robert Koch-Institut (Hrsg.): *GBE Kompakt,* Jg. 05, H. 02. S.01-14. Abrufbar unter: http://edoc.rki.de/ series/gbe-kompakt/5-2/PDF/2_de.pdf [Zugriff am: 20.04.2018].

Lampert, Thomas/Hoebel, Jens/Kuntz, Benjamin/Fuchs, Judith/Nowossadeck, Enno (2017): Gesundheit-liche Ungleichheit im höheren Lebensalter. In: *Public Health Forum,* Jg. 25, H. 02, S.140-144.

Lauterbach, Karl (2007): Der Zweiklassenstaat. Wie die privilegierten Deutschland ruinieren. 4., Auflage. Berlin, Rowohlt-Berlin Verlag.

Lochthowe, Thomas (2008): Suizide und Suizidversuche bei verschiedenen Berufsgruppen. Inaugural – Dissertation zur Erlangung der Doktorwürde der Medizinischen Fakultät der Bayerischen Julius-Maximilians-Universität Würzburg. Abrufbar unter: https://opus.bibliothek.uni-wuerzburg.de/opus4 wuerzburg/ frontdoor/deliver/ index/ docId/ 3711/ file/ Dissertation_ Th. Lochthowe.pdf [Zugriff am: 15.05. 2018].

Lohse, Martin J./Müller-Oerlinghausen, Bruno (2017): Psychopharmaka. In: Schwabe, Ulrich/Paffrath, Dieter/Ludwig Wolf-Dieter/Klauber, Jürgen (Hrsg.): Arzneiverordnungs-Report 2017. Berlin,

Springer Verlag, S.681-708.

Lübbers, Sabine (2016): Mobilisieren, Aktivieren, Lagern. Kontrakturen Vorbeugen. In: *Heilberufe,* Jg. 68, H. 02, S.13-15.

Mahne, Katharina/Huxhold, Oliver (2017): Nähe auf Distanz. Bleiben die Beziehungen zwischen älteren Eltern und ihren erwachsenen Kindern trotz wachsender Wohnentfernungen gut? In: Mahne, Katharina/Wolff, Julia Katharina/Simonson, Julia/Tesch-Römer, Clemens (Hrsg.): Altern im Wandel: zwei Jahrzehnte Deutscher Alterssurvey (DEAS). Wiesbaden, Springer VS, S.215-230.

McMunn, Anne (2006): Social Determinants of Health in older Age. In: Marmot, Michael/Wilkinson, Richard G. (edit.): Social Determinants of Health. 2nd Edition. Oxford, Oxford University Press, p.267-296.

Menning, Sonja (2006): Lebenserwartung, Mortalität, und Morbidität im Alter. In: Deutsches Zentrum für Altersfragen. *Report Altersdaten* (01/2006). Abrufbar unter: https://www.dza.de/fileadmin/dza/ pdf/GeroStat_Report_Altersdaten_Heft_1_2006.pdf [Zugriff am:11. 03.2018].

Mergenthaler, Andreas (2007): Langfristig Arbeitslose. Die neue Unterschicht Ostdeutschlands? In: *Gesellschaft-Wirtschaft-Politik.* Sozialwissenschaften für politische Bildung, Jg. 56, H. 04, S. 481-491.

Mergenthaler, Andreas (2012): Gesundheitliche Resilienz. Konzept und Empirie zur Reduzierung gesundheitlicher Ungleichheit im Alter. In: Bauer, Ullrich/Bittlingmeyer, Uwe H.,/Richter, Matthias (Hrsg.): Reihe Gesundheit und Gesellschaft. Wiesbaden, Springer VS.

Meyer, Gerhard (2018): Glücksspiel. Zahlen und Fakten. In: Deutsche Hauptstelle für Suchtfragen e.V. (Hrsg.): DHS Jahrbuch Sucht 2018. Lengerich, Pabst Science Publishers, S.113-133.

Mielck, Andreas (2006): Soziale Ungleichheit der gesundheitlichen Versorgung. Argumente gegen die Überbetonung des Gesundheitsverhaltens. In: Rehberg, Karl Siegbert (Hrsg.): Soziale Ungleichheit, kulturelle Unterschiede, Verhandlungen des 32. Kongresses der Deutschen Gesellschaft für Soziologie in München 2004. Teilband 2. Frankfurt/New York, Campus, S.975-990.

Mielck, Andreas/Helmert, Uwe (2006): Vergleich zwischen GKV-und PKV-Versicherten. Unterschiede bei Morbidität und gesundheitlicher Versorgung. In: Böcken, Jan/ Braun Bernard/Amhof Robert/Schnee, Melanie (Hrsg.): Gesundheitsmonitor 2006. Gesundheitsversorgung und Gestaltungsoptionen aus der Perspektive von Bevölkerung und Ärzten. Gütersloh, Bertelsmann Stiftung, S.32-52.

Mielck, Andreas, Helmert, Uwe (2012): Soziale Ungleichheit und Gesundheit. In: Hurrelmann Klaus/ Razum, Oliver (Hrsg): Handbuch Gesundheitswissenshaften. 5., vollständig überarbeite Auflage. Weinheim, Beltz Juventa, S.493-515.

Molling, Luise/Selke, Stefan (2012): Tafeln gegen Altersarmut? Grenzen privater Wohltätigkeit in der „Freiwilligengesellschaft". In: Butterwegge, Christoph/Bosbach, Gerd/Birkwald, Matthias W. (Hrsg.): Armut im Alter. Probleme und Perspektiven der sozialen Sicherung. Frankfurt/ New-York, Campus, S.267-280.

Mortler, Marlene - Die Drogenbeauftragte der Bundesregierung (2017): Drogen-und Suchtbericht Juli 2017. Abrufbar unter:https://www.bundesgesundheitsministerium.de/ fileadmin/Dateien/ 5Publikationen/ Drogenund Sucht/Broschueren/Drogen-_und_Suchtbericht_2017.pdf [Zugriff am: 04.05.2018].

Moser, Sebastian J. (2014): Pfandsammler. Erkundungen einer urbanen Sozialfigur. Hamburg, Hamburger Edition.

Neue Osnabrücker Zeitung (2010): Senioren gefangen in der eigenen Wohnung. Abrufbar unter:

https://www.noz.de/lokales/osnabrueck/artikel/113015/senioren-gefangen-in-der-eigenen-wohnung [Zugriff am: 19.04.2018].

Nonn, Christoph (2015): Aufbau und Umbau eines Nationalstaats (1866/71-1890). In: Nonn, Christoph (Hrsg.): Bismarck. Ein Preuße und sein Jahrhundert. München, C.H. Beck, S. 208-261.

OECD (2014): Insights. The Measure of Poverty In: OECD Insights - Debate the Issues. Abrufbar unter: http://oecdinsights.org/2014/06/30/the-measure-of-poverty/ [Zugriff am: 19.04.2018].

OECD (2017): Pensions at a Glance 2017. OECD and G20 Indicators. Abrufbar unter: https://read.oecd-ilibrary.org/social-issues-migration-health/pensions-at-a-glance 2017_pension_glance-2017-en#page135 [Zugriff am: 08.05.2018].

O'Rand, Angela M./Henretta, John C. (1999): Age and Inequality. Diverse Pathways Through Later Life. Boulder, Westview Press.

Pampel, Fred C./Hardy, Melissa (1994): Status Maintenance and Change During old Age. In: *Social Forces,* Vol. 73, I.1, p. 289-314.

Petersen, Ann-Britt (2018): Selbsthilfe. Wenn Unordnung krankhaft wird. In: Hamburger Abendblatt. Abrufbar unter: https://www.abendblatt.de/hamburg/von-mensch-zu-mensch/article 213014045/ Wenn-Unordnung-krankhaft-wird.html [Zugriff am: 14.04.2018].

Piontek, Daniela/Orth, Boris/Kraus, Ludwig (2018): Illegale Drogen. Zahlen und Fakten zum Konsum. In: Deutsche Hauptstelle für Suchtfragen e.V. (Hrsg.): DHS Jahrbuch Sucht 2018. Lengerich, Pabst Science Publishers, S.105-111.

PMSG (2015): „Das sind die 20 schlechtbezahltesten Jobs in 2015". Abrufbar unter: https://www.gehalt. de/news/das-sind-die-20-schlechtbezahltesten-jobs-in-2015 [Zugriff am: 17.05. 2018].

Rheinische Post (2004): Kooperationsvertrag mit Versicherung aufgetaucht. Zeitung - SPD verdient an Vermittlung von „Riester-Renten". Abrufbar unter: http://www.rp-online.de/politik/deutschland/ zeitung-spd-verdient-an-vermittlung-von-riester-renten aid-1.2279882 [Zugriff am: 11.04.2018].

Richter, Matthias/Hurrelmann, Klaus (2009): Gesundheitliche Ungleichheit. Ausgangsfragen und Herausforderungen. In: Richter, Matthias/Hurrelmann, Klaus (Hrsg.): Gesundheitliche Ungleichheit, Grundlagen, Probleme, Perspektiven. 2. Auflage. Wiesbaden, VS Verlag, S.13-33.

Richter-Kornweitz, Antje (2012a): Gesundheitliche Ungleichheit im Alter. Ein Armutszeugnis. In: Butterwegge, Christoph/Bosbach, Gerd/Birkwald, Matthias W. (Hrsg.): Armut im Alter. Probleme und Perspektiven der sozialen Sicherung. Frankfurt/NewYork, Campus Verlag, S. 144-160.

Richter-Kornweitz, Antje (2012b): Alt, arm, krank und allein? Wie unterstützende Strukturen in Nachbarschaften entstehen. In: Kümpers, Susanne/Heusinger, Josefine (Hrsg.): Autonomie trotz Armut und Pflegebedarf? Altern unter Bedingungen von Marginalisierung. Bern, Huber, S. 135-148.

RKI - Robert Koch-Institut (2011): Sterblichkeit, Todesursachen und regionale Unterschiede In: Gesundheitsberichterstattung des Bundes, Heft 52. Abrufbar unter: http://www.rki.de/DE/Content/ Gesundheitsmonitoring/Gesundheitsberichterstattung/GBEDownloadsT/sterblichkeit.pdf?__ blob=publicationFile [Zugriff am: 19.05.2018].

RKI - Robert Koch-Institut (2014a): Gesundheitsschädigende Arbeitsbedingungen. In: Faktenblatt zu GEDA 2012. Ergebnisse der Studie ‚Gesundheit in Deutschland aktuell 2012'. Abrufbar unter: http://www.rki.de/DE/Content/Gesundheitsmonitoring/Gesundheitsberichterstattung/GBE DownloadsF/Geda2012/Gesundheitsschaedigende_Arbeitsbedingungen.pdf?__blob=publication File [Zugriff am: 06. 03.2018].

RKI - Robert Koch-Institut (2014b): Beiträge zur Gesundheitsberichterstattung des Bundes. Daten und

Fakten - Ergebnisse der Studie ‚Gesundheit in Deutschland aktuell 2012'. In: Gesundheits-bericht-erstattung des Bundes. Abrufbar unter: http://www.gbe-bund.de/pdf/GEDA2012Gesamtausgabe.pdf [Zugriff am: 04.03.2018].

RKI - Robert Koch-Institut (2014c): Alkoholkonsum. In: Faktenblatt zu GEDA 2012. Ergebnisse der Studie ‚Gesundheit in Deutschland aktuell 2012'. Abrufbar unter: http://www.rki.de/DE/Content/ Gesundheitsmonitoring/Gesundheitsberichterstattung/GBEDownloadsF/Geda2012/Alkohol-konsum.pdf?blob=publicationFile [Zugriff am: 10.03.2018].

RKI - Robert Koch-Institut (2015): Gesundheit in Deutschland. Abrufbar unter: http://www.gbe-bund.de/ pdf/GESBER2015.pdf [Zugriff am: 06.03.2018].

RKI - Robert Koch-Institut (2017): Gesundheitliche Ungleichheit in verschiedenen Lebensphasen. In: Gesundheitsberichterstattung des Bundes. Abrufbar unter: https://www.rki.de/DE/Content/ Gesundheitsmonitoring/GesundheitsberichterstattungGBEDownloadsB/gesundheitliche_ ungleichheit_lebensphasen.pdf?blob=publicationFile [Zugriff am: 16.03.2018].

Rummel, Christina /Lehner, Birgit /Kepp, Jolanthe (2017): Daten, Zahlen und Fakten. In: Deutsche Haupt-stelle für Suchtfragen e.V. (Hrsg.): DHS Jahrbuch Sucht 2017. Lengerich, Pabst Science Publishers, S.09-33.

SAfHuSH - Statistisches Amt für Hamburg und Schleswig-Holstein (2017): Statistischer Bericht K I 14 – j 16 HH. Grundsicherung im Alter und bei Erwerbsminderung in Hamburg 2016. Abrufbar unter: https://www.statistik-nord.de/fileadmin/Dokumente/Statistische_Berichte/arbeit_und_soziales/ K_ I_14_j_ H/ K_I_14_j16_HH.pdf [Zugriff am: 20.05.2018].

SAfHuSH - Statistisches Amt für Hamburg und Schleswig-Holstein (2018): Statistisches Jahrbuch Hamburg 2017/2018. Abrufbar unter: http://www.hamburg.de/contentblob/1005676/ f2ff94484315e5c526b1bf287cfa726c/data/statistisches-jahrbuch-hamburg.pdf [Zugriff am: 20.05. 2018].

Schaeffer, Doris/Vogt, Dominique/Berens, Eva-Maria/Hurrelmann, Klaus (2016): Gesundheitskompetenz der Bevölkerung in Deutschland. Ergebnisbericht. Abrufbar unter: https://pub.uni-bielefeld.de/ download/ 2908111/2908198 [Zugriff am: 28.04. 2018].

Schaeffer, Doris/Vogt, Dominique (2017): Förderung der Gesundheitskompetenz im Alter. In: 5. Bundes-konferenz „Gesund und aktiv älter werden". Berlin, 05. April 2017. Abrufbar unter: https://www. gesund- aktiv-aelter- werden.de /fileadmin/user_upload/ Bundeskonferenzen/Bundeskonferenz_ 2017/Vortraege/V2_schaeffer_PPP_HL_und_Alter_freigegeben.pdf [Zugriff am: 08.04.2018].

Scheidt-Nave, Christa (2010): Chronische Erkrankungen. Epidemiologische Entwicklung und die Bedeu-tung für die öffentliche Gesundheit. In: *Public Health Forum, Jg.* 18, H. 66, S. 02-04.

Schlechter, Daniel (2016): Die Straße macht krank. Wie Obdachlosigkeit die Menschen altern lässt. In: Lexi TV. Abrufbar unter: https://www.mdr.de/lexi-tv/obdachlos114.html [Zugriff am: 19.04.2018].

Schmidt-Semisch, Henning/Paul, Bettina (2010): Risiko Gesundheit. Eine Einführung. In: Schmidt-Semisch, Henning/Paul, Bettina (Hrsg.): Risiko Gesundheit. Über Risiken und Nebenwirkungen der Gesundheitsgesellschaft. Wiesbaden, VS Verlag, S. 07-21.

Schmitz, Jutta (2012): Der Arbeitsmarkt als Armutsfalle. Sind die Beschäftigten von heute die Alters-armen von morgen? In: Butterwegge, Christoph/Bosbach, Gerd/ Birkwald, Matthias W. (Hrsg.): Armut im Alter. Probleme und Perspektiven der sozialen Sicherung. Frankfurt/New York, Campus, S. 95-110.

Schobin, Janosch (2013): Freundschaft und Fürsorge. Bericht über eine Sozialform im Wandel. Hamburg, Hamburger Edition.

Schönig, Werner (2017): Altersarmut im Rentnerparadies. Zur Polarisierung der Teilhabechancen im dritten Alter. In: Schirra -Weirich, Liane/Wiegelmann, Henrik (Hrsg.): Alter(n) und Teilhabe. Herausforderungen für Individuum und Gesellschaft. Leverkusen, Barbara Budrich, S.17-38.

Schröder, Melanie/Telschow, Carsten (2017): Arzneimittelverordnungen nach Alter und Geschlecht. In: Schwabe,Ulrich/Paffrath, Dieter/Ludwig Wolf-Dieter/Klauber, Jürgen (Hrsg.): Arzneiverordnungs-Report 2017. Berlin, Springer Verlag, S.783-792.

Schubert, Wolfgang (2015): Künstler und Kreative, ihre Altersvorsorge und ihr Umgang mit drohender Altersarmut. Schriftenreihe Socialia – Studienreihe Soziologische Forschungsergebnisse, Band 138. Hamburg, Verlag Dr. Kovač.

Seisselberg, Jörg (2018): Appel an Regierung. Ärzte fordern Zuckersteuer. In: Tagesschau. Abrufbar unter: https://www.tagesschau.de/inland/zucker-105.html [Zugriff am: 14.05.2018].

SLaB - Statistisches Landesamt Bremen (2008): Frauen im Land Bremen. Abrufbar unter: https://www.statistik.bremen.de/sixcms/media.php/13/Frauen.pdf_[Zugriff am: 20.05.2018].

SLaB - Statistisches Landesamt Bremen (2017): Statistisches Jahrbuch 2017. Abrufbar unter: https://www.statistik.bremen.de/sixcms/media.php/13/Jb2017_pdfa.pdf [Zugriff am: 20.05.2018].

Söllner, Wolfgang/Wunner, Christina/Wentzlaff, Elisabeth/Reichhart, Corinne/Stein (2017): Psychoso-matik im Alter. In: *Zeitschrift für Gerontologie und Geriatrie,* Jg. 50, H. 08, S.713-725.

Spahn, Jens (2018): Neuer Gesundheitsminister. Spahn. Es gibt keine Zwei-Klassen-Medizin In: Wirt-schaftswoche. Abrufbar unter: https://www.wiwo.de/politik/deutschland/neuer-gesundheitsminister-spahn-es-gibt-keine-zwei-klassen-medizin/21084516.html [Zugriff am: 03.04.2018].

Spieler, Alfred (2012): Die Entwicklung der Alterseinkünfte in Ostdeutschland. Wende zum Besseren oder Wende zur Armut? In: Butterwegge, Christoph/Bosbach, Gerd/ Birkwald, Matthias W. (Hrsg.): Armut im Alter. Probleme und Perspektiven der sozialen Sicherung. Frankfurt/NewYork, Campus, S. 130-143.

StaBu - Statistisches Bundesamt (2015): Die Generation 65+ in Deutschland. Abrufbar unter: https://www.destatis.de/DE/PresseService/Presse/Pressekonferenzen/2015/generation65/ Pressebroschuere_generation65.pdf?__blob=publicationFile_[Zugriff am: 07.04. 2018].

StaBu - Statistisches Bundesamt (2016): Ältere Menschen in Deutschland und der EU. Abrufbar unter: https://www.destatis.de/DE/Publikationen/Thematisch/Bevoelkerung/Bevoelkerungsstand/ BroschuereAeltereMenschen0010020169004.pdf?__blob=publicationFile [Zugriff am: 03.04.2018].

StaBu - Statistisches Bundesamt (2017a): Korrektur in der Tabelle.1.026.000 Empfänger von Grundsicher-ung im Alter und bei Erwerbsminderung im Dezember 2016. In: Pressemitteilung Nr. 130 vom 12. 04.2017. Abrufbar unter: https://www.destatis.de/DE/PresseService/Presse/Pressemitteilungen/2017 /04/ PD17130221.html [Zugriff am: 08.04.2018].

StaBu - Statistisches Bundesamt (2017b): Statistik zur Überschuldung privater Personen 2016. In: Fach-serie 15, Reihe 5, Jahr 2016. Abrufbar unter: https://www.destatis.de/DE/Publikationen/Thematisch/ EinkommenKonsumLebensbedingungen/Ueberschuldung/Ueberschuldung2150500167004.pdf? blob=publicationFile_[Zugriff am: 17.04.2018].

StaBu -Statistisches Bundesamt (2017c): Bevölkerung, Familien, Lebensformen. Bevölkerung nach Altersgruppen und Ländern 2015. In: Statistisches Jahrbuch 2017. Abrufbar unter: https://www. destatis.de/DE/Publikationen/StatistischesJahrbuch/ StatistischesJahrbuch2017.pdf?blob=publica-tionFile [Zugriff am: 23.04.2018].

StaBu - Statistisches Bundesamt (2017d): Gesundheit. Todesursachen in Deutschland 2015. In Fachserie

12 Reihe 4. Abrufbar unter: https://www.destatis.de/DE/Publikationen/Thematisch/Gesundheit/ Todesursachen/Todesursachen2120400157004.pdf?__blob=publicationFile [Zugriff am: 01.05. 2018].

StaBu - Statistisches Bundesamt (2018a): Städte (Alle Gemeinden mit Stadtrecht) nach Fläche, Bevölkerung und Bevölkerungsdichte am 31.12.2016. Abrufbar unter: https://www.destatis.de/DE/ Zahlen Fakten/LaenderRegionen/Regionales/Gemeindeverzeichnis/Administrativ/Aktuell/05Staedte.html [Zugriff am: 09.04.2018].

StaBu - Statistisches Bundesamt (2018b): Lebensbedingungen, Armutsgefährdung. Armutsschwelle und Armutsgefährdung (monetäre Armut) in Deutschland. Abrufbar unter: https://www.destatis.de/DE /ZahlenFakten/Gesellschaft Staat/EinkommenKonsumLebensbedingungen/Lebensbedingungen Armutsgefaehrdung/Tabellen/EUArmutsschwelleGefaehrdung_SILC.html [Zugriff am: 02.04. 2018].

StaBu - Statistisches Bundesamt (2018c): Armutsgefährdungsquote (EU-SILC). Abrufbar unter: https://www.destatis.de/DE/ZahlenFakten/GesellschaftStaat/EinkommenKonsumLebensbeding-ungen/LebensbedingungenArmutsgefaehrdung/Methoden/Armutsgefaehrdungsquote.html [Zugriff am: 16.04. 2018].

StaBu - Statistisches Bundesamt (2018d): Gestorbene nach ausgewählten Todesursachen. Anzahl der Gestorbenen 2015. Abrufbar unter: https://www.destatis.de/DE/ZahlenFakten/GesellschaftStaat/ Gesundheit/ Todesursachen/Tabellen/EckdatenTU.html [Zugriff am: 20.04.2018].

StaBu - Statistisches Bundesamt (2018e): Korrektur im zweiten Absatz. Lebenserwartung für Jungen und Mädchen steigt weiter an. In: Pressemitteilung Nr. 108 vom 26.03.2018 Abrufbar unter: https://www.destatis.de/DE/PresseService/Presse/Pressemitteilungen/2018/03/PD18_108_12621. html [Zugriff am: 22.04.2018].

StaBu - Statistisches Bundesamt (2018f): Average Age at Death: Germany, Years, Sex. Abrufbar unter: https://www.genesis.destatis.de/genesis/online;jsessionid=B176875243077A4B763540D910A3A 473.tomcat_GO_1_2?operation=previous&levelindex=2&levelid=1526551461558&step=2 [Zugriff am: 01.05. 2018].

StaBu - Statistisches Bundesamt (2018g): 1.059.000 Empfänger von Grundsicherung im Alter und bei Erwerbsminderung im Dezember 2017. In: Pressemitteilung Nr. 114 vom 28.03.2018. Abrufbar unter: https://www.destatis.de/DE/PresseService/Presse/Pressemitteilungen/2018/03/PD18 _114_228.html [Zugriff am: 13.05.2018].

Steinhausen, Simone/Kowalski, Christoph/Janßen, Christian/Pfaff, Holger (2008): Wechselwirkungen zwischen sozialer und gesundheitlicher Ungleichheit und Gesundheitsversorgung. In: *Public Health Forum,* Jg. 16, H. 59, S.13-14.

Stiftung Warentest (2017): Riestern. Die geförderte Altersvorsorge ist für viele immer noch richtig. In: *Finanztest Spezial*, H. 05, S.76-79.

Stuckler, David/Basu, Sanjay/Suhrcke, Marc/Coutts, Adam/McKee, Martin (2009): The Public Health Effect of Economic Crisis and Alternative Policy Responses in Europe. An Empirical Analysis. In: *The Lancet*, Vol. 374, I. 9686, p. 315-323.

Trabert, Gerhard (2016): Medizinische Versorgung für wohnungslose Menschen. Individuelles Recht und soziale Pflicht statt Exklusion. In: *Das Gesundheitswesen,* Jg. 78, H. 02, S.107-112.

Utz, Tobias (2017): Altersarmut. Keine Gnade für ''Oma Ingrid''. Rentnerin klaut Lebensmittel und muss in den Knast. Abrufbar unter: https://www.infranken.de/ueberregional/aus-hunger-geklaut-rentnerin-muss-gefaengnisstrafe-antreten;art55462,2985445 [Zugriff am: 10.05.2018].

Verbraucherzentrale Hamburg (2017): Private Altersvorsorge (Riester etc.). Riester-Rente. Ja –aber richtig!

Abrufbar unter: https://www.vzhh.de/themen/finanzen/private-altersvorsorge-riester-etc/riester-rente-ja-aber-richtig [Zugriff am: 25.04.2018].

Walla, Wolfgang/Eggen, Bernd/Lipinski, Heike (2006): Der demographische Wandel. Herausforderungen für Politik und Wirtschaft. Stuttgart, Kohlhammer.

Wicker, Sabine; Stirn, Aglaja (2011): Kurzbeitrag. Suizid und Arbeitsplatz. In: *Zentralblatt für Arbeitsmedizin, Arbeitsschutz und Ergonomie,* Jg. 61, H. 01, S. 30-31.

Wiedemann, Herbert (1967): Die Rationalisierung aus der Sicht des Arbeiters. Eine soziologische Untersuchung in der mechanischen Fertigung. In: Dortmunder Schriften zur Sozialforschung. Band 24. 2., überarbeitete und erweiterte Auflage. Wiesbaden, Springer Verlag.

Wittrahm, Andreas (2017): Auskommen mit dem Einkommen – Armut im Alter zwischen Möglichkeiten, Ansprüchen und Bewältigungsformen. In: Buttner, Peter (Hrsg.): Strategien gegen Altersarmut. *Archiv für Wissenschaft und Praxis der sozialen Arbeit* -Vierteljahresschrift zur Förderung von Sozial-, Jugend-und Gesundheitshilfe Jg. 48, H. 02, S. 28-39.

Wolfersdorf, Manfred/Schneider, Barbara/Schmidtke, Armin (2015): Suizidalität: ein psychiatrischer Notfall, Suizidprävention: eine psychiatrische Verpflichtung. In: *Der Nervenarzt,* Jg. 86, H. 09, S.1120-1129.

World Bank (2016): Poverty and Shared Prosperity 2016. Taking on Inequality. Abrufbar unter: https://openknowledge.worldbank.org/bitstream/handle/10986/25078/9781464809583.pdf [Zugriff am: 23.04.2018].

Zeit Online (2017): Arbeitslosigkeit. Mehr als 160.000 ältere Arbeitslose fallen aus der Statistik. In: Zeit Online. Abrufbar unter: http://www.zeit.de/wirtschaft/2017-03/arbeitslosigkeit-statistik-brigitte-pothmer-gruene-arbeitsuchende [Zugriff am: 15.04. 2018].

Zeit Online (2018): Tracey Crouch. Großbritannien bekommt Ministerin für Einsamkeit. In: Zeit Online: Abrufbar unter: https://www.zeit.de/politik/ausland/2018-01/tracey-crouch-grossbritannien-ministerin-einsamkeit [Zugriff am: 15.05.2018].

Ziegenhagen Dieter Joachim/Glaeske, Gerd/ Höer, Ariane/Gieseler Kirsten (2004): Arzneimittelversorgung von PKV-Versicherten im Vergleich zur GKV. In: *Gesundheitsökonomie und Qualitätsmanagement,* Jg. 09, H. 02, S.108-115.

Anhang I: Schaubild der Entwicklung der Verhältnisse von GRV-Beitragszahlern von
1962 bis 2015.

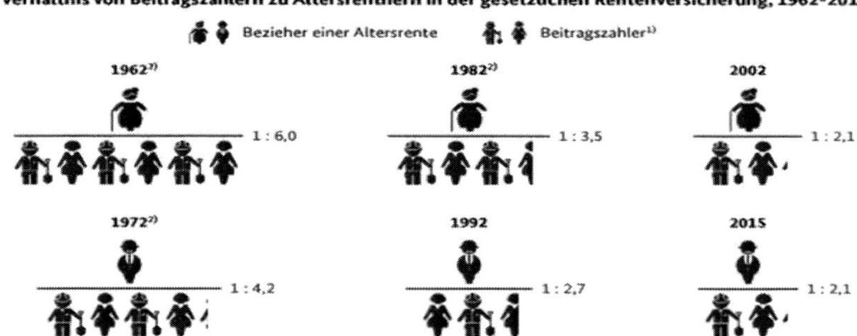

„Zunehmende Belastung der Beitragszahler in der gesetzlichen Rentenversicherung: Verhältnis
von Beitragszahlern zu Altersrentnern in der gesetzlichen Rentenversicherung, 1962-2015".
Quelle: Bundesinstitut für Bevölkerungsforschung (2017).

Anhang II: Selbst-und Verordnungsmedikation nach Geschlecht im Vergleich

Tab. 3 Prävalenz von Selbstmedikation und verschriebener Medikation nach Geschlecht, Alter sozialem Status und Gemeindegröße, DEGS1 2008–2011

		Selbstmedikation			Verschriebene Medikation		
		Frauen	Männer	Gesamt	Frauen	Männer	Gesamt
Gesamt n~7092	46,4%	31,1%	38,8%	71,3%	46,1%	58,8%	
	(95%-KI)	(44,1–48,7%)	(29,2–33,1%)	(37,2–40,4%)	(69,4–73,1%)	(44,0–48,3%)	(57,3–60,2%)
Alter							
18 bis 29 Jahre		39,4%	29,0%	34,1%	63,6%	16,4%	39,6%
(95%-KI)		(34,2–44,9%)	(24,6–33,9%)	(30,6–37,9%)	(58,4–68,6%)	(13,0–20,5%)	(36,1–43,2%)
30 bis 39 Jahre		42,4%	33,5%	37,9%	61,7%	26,6%	43,8%
(95%-KI)		(36,7–48,2%)	(28,2–39,3%)	(33,8–42,1%)	(56,1–67,0%)	(21,7–32,0%)	(39,9–47,8%)
40 bis 49 Jahre		50,9%	29,8%	40,1%	63,7%	38,7%	50,9%
(95%-KI)		(45,4–56,4%)	(25,7–34,4%)	(36,8–43,6%)	(58,8–68,3%)	(34,3–43,3%)	(47,8–54,0%)
50 bis 59 Jahre		45,2%	29,6%	37,4%	70,2%	49,9%	60,1%
(95%-KI)		(41,1–49,3%)	(25,4–34,2%)	(34,4–40,5%)	(66,0–74,2%)	(45,0–54,9%)	(57,0–63,1%)
60 bis 69 Jahre		49,2%	30,7%	40,2%	83,9%	79,8%	81,9%
(95%-KI)		(44,3–54,2%)	(25,9–35,8%)	(36,6–43,9%)	(79,4–87,5%)	(75,9–83,1%)	(79,0–84,4%)
70 bis 79 Jahre		51,5%	37,0%	44,9%	91,0%	89,2%	90,2%
(95%-KI)		(45,9–57,0%)	(31,9–42,4%)	(41,2–48,7%)	(87,7–93,4%)	(85,5–92,0%)	(87,9–92,0%)
Sozialerer Status							
Niedrig		38,7%	26,3%	32,7%	70,0%	49,0%	59,7%
(95%-KI)		(33,3–44,3%)	(22,0–31,2%)	(28,9–36,7%)	(65,3–74,3%)	(43,6–54,3%)	(56,1–63,3%)
Mittel		47,1%	31,2%	39,4%	73,8%	45,5%	60,2%
(95%-KI)		(44,3–49,9%)	(28,7–33,9%)	(37,6–41,3%)	(71,5–75,9%)	(43,0–48,1%)	(58,4–61,9%)
Hoch		52,4%	35,4%	43,0%	65,4%	45,7%	54,6%
(95%-KI)		(48,1–56,7%)	(31,9–39,2%)	(40,1–46,0%)	(60,6–69,9%)	(41,0–50,2%)	(51,2–57,9%)
Gemeindegrößenklasse							
Ländlich[a]		41,1%	27,8%	34,2%	76,2%	50,0%	62,6%
(95%-KI)		(36,3–46,2%)	(23,9–31,9%)	(30,8–37,7%)	(72,2–79,8%)	(45,1–54,9%)	(59,2–65,8%)
Kleinstädtisch[b]		44,2%	29,0%	36,6%	72,5%	48,5%	60,6%
(95%-KI)		(40,2–48,3%)	(25,1–33,1%)	(33,5–39,9%)	(68,8–75,9%)	(44,4–52,6%)	(57,5–63,6%)
Mittelstädtisch[c]		48,5%	33,8%	41,3%	71,1%	43,5%	57,6%
(95%-KI)		(44,1–52,8%)	(30,4–37,4%)	(38,6–44,0%)	(67,6–74,3%)	(39,9–47,3%)	(55,1–60,0%)
Großstädtisch[d]		48,5%	32,0%	40,4%	68,3%	44,8%	56,7%
(95%-KI)		(44,1–52,9%)	(28,3–35,9%)	(37,2–43,6%)	(64,7–71,7%)	(40,8–48,9%)	(54,0–59,4%)

[a]<5000 Einwohner. [b]5000–<20.000 Einwohner. [c]20.000–<100.000 Einwohner. [d]100.000 Einwohner und mehr.

„ Prävalenz von Selbstmedikation und verschriebener Medikation nach Geschlecht, Alter
sozialem Status und Gemeindegröße, DEGS1 2008–2011". Quelle: Knopf; Grams (2013: 874).

Anhang III: Niedriglohnjobs im Dienstleistungssektor

Berufe (ohne PV)	Jahresgehalt in Brutto	Monatsgehalt in Brutto	Stundenlohn in Brutto
Friseur/in	19.949 €	1.662 €	9,59 €
Küchenhilfe/Spülkraft	20.187 €	1.682 €	9,71 €
Kellner/in	20.787 €	1.732 €	9,99 €
Kassenpersonal	22.932 €	1.911 €	11,03 €
Koch/Köchin	23.308 €	1.942 €	11,21 €
Rezeption	23.593 €	1.966 €	11,34 €
allg. Pflegepersonal	23.602 €	1.967 €	11,35 €
Call Center Agent	24.216 €	2.018 €	11,64 €
Zahnarzthelfer/in	24.373 €	2.031 €	11,72 €
Verkäufer/in	25.815 €	2.151 €	12,41 €
Berufskraftfahrer/in	26.121 €	2.177 €	12,56 €
Physiotherapeut/in	26.252 €	2.188 €	12,62 €
Arzthelfer/in	26.689 €	2.224 €	12,83 €
Altenpfleger/in	27.167 €	2.264 €	13,06 €
Hausmeister/in	27.284 €	2.274 €	13,12 €
Lagerleiter/in	27.500 €	2.292 €	13,22 €
Reisefachangestellte/r	27.503 €	2.292 €	13,22 €
TeleSales Mitarbeiter/in	27.652 €	2.304 €	13,29 €
Augenoptiker/in	28.460 €	2.372 €	13,68 €
Handwerker/in	29.526 €	2.461 €	14,20 €

„Das sind die 20 schlechtbezahltesten Jobs in 2015". Quelle: PMSG (2015).